Walter Lindenau

Gedächtnisprotokolle

D1702248

Walter Lindenau

Gedächtnisprotokolle

Projekte-
Verlag
Cornelius GmbH

Alle verwendeten Namen wurden frei erfunden,
Ähnlichekeiten mit lebenden Personen sind Zufall.

Impressum

1. Auflage
© Projekte-Verlag Cornelius GmbH, Halle 2009 • www.projekte-verlag.de
Mitglied im Börsenverein des Deutschen Buchhandels

Satz und Druck: Buchfabrik Halle • www.buchfabrik-halle.de

ISBN   978-3-86634-798-4
Preis: 11,90 EURO

Inhaltsverzeichnis

DIE BUCHLESUNG

Stark beeindruckt zeigte sich Gerd Kilian von einer Buchlesung über die Kontakte der evangelischen Kirche in der Region Görlitz-Weißwasser und Umgebung mit dem Ministerium für Staatssicherheit (MfS). Offen gestanden, er hatte nicht erwartet, dass der Autor die Kirchenoberen mit Namen nennt, die mit der Stasi zusammengearbeitet haben. Doch das Buch widerspiegelte Auszüge aus Schriftzügen der Kirche selbst, der Staatsorgane der DDR und der noch aufgefundenen Stasi-Unterlagen. Wer wollte oder sollte da den Fakten widersprechen? Dennoch empörte sich eine Anwesende über die offene Nennung von Namen, speziell eines Superintendenten, der jetzt eine bekannte Person ist, aber zu DDR-Zeiten seinen Urlaub in speziellen SED-Ferienheimen verlebte, in denen sich sonst nur SED-Funktionäre erholen konnten. Aber das durfte und sollte ja niemand wissen!
Eine andere Person sprach rührend über seinen schweren Weg in der DDR und distanzierte sich vehement von dieser Zeit. Aber den nach Prüfung und Zustimmung des Sekretariats der SED-Kreisleitung von dem Gesundheitsministerium der DDR verliehenen Ehrentitel „Medizinalrat" trägt er noch heute voller Stolz, obwohl er nur noch in der Politik tätig ist.
In seiner Lesung betonte der Buchautor besonders, dass das MfS Arm und Schwert der SED war und dort besonders wirkte, wo es die Partei (SED) befahl. Die Partei saß auch in unsere Stadt Bornstett auf dem hohen roten Ross und dirigierte seinen Arm und Schwert. Aus eigener Erfahrung konnte Gerd Kilian das nur bestätigen.
In unserer Stadt und im Landkreis und so war es auch in den anderen Kreisen der ehemaligen DDR, war der 1. Sekretär der SED-Kreisleitung auch gleichzeitig der Vorsitzende der Kreiseinsatzleitung aller militärischen und paramilitärischen

Kräfte im Territorium. In der Kreiseinsatzleitung waren die jeweiligen Leiter der einzelnen Einrichtungen Mitglied.

Dem 1. Sekretär der SED-Kreisleitung unterstanden damit in allen kreislichen Angelegenheiten alle bewaffneten Kräfte, ob Kreisdienststelle des MfS (Stasi), das Volkspolizei-Kreisamt, die Feuerwehr, die Gesellschaft für Sport und Technik (GST), die Kampfgruppen in den Betrieben und Einrichtungen oder die Zivilverteidigung (ZV). Keine freie Befugnis hatte er über das Wehrkreiskommando. Hier hatte sich der Leiter dieser Einrichtung mit Rückenstärke seiner vorgesetzten Bezirksstelle dagegen verwahren können. Das war dem 1. Sekretär ein Dorn im Auge und er ließ sich das deutlich anmerken. Der Leiter des Wehrkreiskommandos war trotzdem Mitglied der Kreiseinsatzleitung.

Entsprechend der jeweiligen politischen Situation im Kreis bekamen die einzelnen Mitglieder der Kreiseinsatzleitung vom 1. Sekretär der SED-Kreisleitung ihre territorialen Aufgaben angewiesen und waren über deren Realisierung diesem rechenschaftspflichtig. Der 1. Sekretär der SED-Kreisleitung war damit auch der oberste Dienstherr der Stasi im jeweiligen Kreisgebiet. Er stellte die Aufgaben, die Stasi als Arm und Schwert der SED führte aus!

Es ist dieser Tatsache zufolge völlig unverständlich, dass über informative Mitarbeiter (IM) der Stasi in Parlamenten der örtlichen Verwaltungen diskutiert wird, wenn andererseits, wie in unserer Stadt Bornstett, ein ehemaliger Sekretär der SED-Kreisleitung und damit ein Stellvertreter des 1. Sekretärs, als Fraktionsvorsitzender der PDS in unserem Stadtparlament sitzt.

So, wie die bei dem Diskussionsredner bei der Buchlesung, wollen viele Menschen diese Tatsachen nicht mehr wissen. Doch woran liegt das? Liegt es daran, dass sie selbst SED-Mitglied waren oder in ihrer Familie ein SED-Mitglied hatten? Oder hatten sie selbst bereitwillig und ohne jegliche Bedenken mit dem Abschnittsbevollmächtigten (ABV) der

Volkspolizei gesprochen, der Auskunft über den Nachbarn oder den Arbeitskollegen begehrte, weil dieser seine Verwandten im Westen besuchen wollte, oder sonst irgendwie aufgefallen war? War ihnen jetzt erst bewusst geworden, dass ihre bereitwillige Auskunft oder Äußerung zu dem ABV der SED und der Stasi dienten und somit dem Nachbarn oder Kollegen Unannehmlichkeiten brachten? Hatten sie schon alles vergessen, weil sie es so wollten, oder hatten die vielen neuen Probleme und die ständige Sorge über den verlorenen bzw. unsicheren Arbeitsplatz und die immer weniger vorhandenen finanziellen Mittel bei ständig steigenden und bewusst erhöhten Kosten im täglichen Leben die DDR-Vergangenheit verdrängt und nur noch schöne Erinnerungen erhalten? Oder hatten sie einfach immer noch im Stillen Angst vor denen, die zu DDR-Zeiten in Führungspositionen der SED und der Stasi saßen und die jetzt wieder in der Stadt oder anderen Geschäftsbereichen den Ton angeben?

So, wie der ABV Auskünfte auf privater Ebene, also im Haus, an der Wohnungstür oder auf der Straße im Wohngebiet, einholte, befragten auch Gewerkschaftsfunktionäre und Parteisekretäre oder deren Beauftragte in den volkseigenen Betrieben und Institutionen ihre Kollegen am Arbeitsplatz, um ein umfassendes Bild von einzelnen Personen zu erhalten.

Bei den nachweislich tausenden von offiziellen und inoffiziellen Mitarbeitern der Stasi in den alten Bundesländern, sollte dort bei den vorgenannten Fakten niemand die Nase rümpfen oder mit dem Finger zeigen. Denn, wer weiß schon, wer wem über wen auch bereitwillig eine Auskunft gegeben hat!

Gerd Kilian hatte aus der Buchlesung eins mitgenommen, nicht still zu sein, wie viele andere, sondern den Mund aufzutun, seine persönlichen Erfahrungen und Erlebnisse offen aufzuzeigen und so auch für die vielen Stummen zu sprechen.

Er wusste, dass ihm das Aufzeigen der Verhältnisse in der damaligen DDR aus seiner Sicht, so wie er sie selbst erlebt hatte, auch heute noch Schwierigkeiten bringen konnte. Doch seine zu DDR-Zeiten unmittelbar nach besonderen Ereignissen aufgezeichneten Gedächtnisprotokolle sind nicht zu widerlegen. Dennoch ist Vorsicht geboten!

RÜCKBLICKE

Die SED als Machtorgan und speziell die Stasi hatten Mitte des Jahres 1989 rechtzeitig begonnen, ihre aktiven, gefolgstreuen und für die Zukunft Erfolg versprechenden jungen Genossen geschickt in volkseigene Betriebe, Institutionen oder Handel in solche Positionen zu lancieren, die nach der Wende fortbestehen würden und schnell wieder Macht bedeuten konnten, Macht für die Nachfolgepartei der SED, Macht in der Justiz, der Wirtschaft und in den Arbeitsgebieten der territorialen Verwaltungen.

Das Wissen um solche Leute haben alle Parteien unserer Stadt und, obwohl sie jetzt nicht mehr von der SED gegängelt und dirigiert werden, unternehmen sie nichts dagegen! Sie dulden es und legen den Mantel des Schweigens darüber, um ebenfalls alles schnell vergessen zu machen. Es könnte ja sonst so sein, dass der Spiegel der Vergangenheit eigene unrühmliche Taten einzelner Mitglieder aller Parteien der Öffentlichkeit zeigen könnte, und das will man auf keinen Fall. Darüber sind sich alle einig! Doch wenn er, Gerd Kilian, über das selbst Erfahrene und Erlebte sprechen will, muss er da nicht bei sich selbst anfangen? Schließlich hatte er ja selbst in der DDR gelebt, studiert und gearbeitet. Er war selbst SED-Mitglied – jahrelang! Treu hatte auch er monatlich seinen Parteibeitrag bezahlt, um die Konjunkturellipse der SED zu tragen, die in der ehemaligen DDR unbedingt notwendig war, wenn man ein stetes berufliches Vorwärtskommen anstrebte. Aber auch hier bestätigten einzelne Ausnahmen die Regel, besonders dort, wo nach außen das demokratische Parteienverhältnis gewahrt werden musste. Da kam auch ein Blockfreund, ein Mitglied einer anderen Partei der DDR, schnell weiter.

Als Leiter und in den verschiedensten Wahlfunktionen im Berufs- und gesellschaftlichen Leben stand er doch mit beiden Füßen auf dem Boden der DDR. Er stellte sich jetzt, nach der Wende, manchmal die Frage, ob er durch seine gute fachliche Arbeit nicht auch maßgeblich dazu beigetragen hatte, die DDR zu stärken und zu erhalten.

Gerd musste sich die Frage eindeutig mit „ja" beantworten, denn er wollte ja eine bessere DDR. Und war er nicht auch in die SED gegangen, um über sie etwas mit zu verändern? – Wieder „ja"! Verändern hieß für ihn, nach dem Warum zu fragen, unduldsam zu sein! Die gegebenen Bedingungen ständig zu hinterfragen, in seiner Arbeit und im täglichen Leben. Neue pragmatische Wege zu suchen und zu gehen und dem Neuen, dem Besseren zum Durchbruch zu verhelfen. Das wollte er durch sein Wirken in der SED erreichen. – Und konnte er etwas verändern und erreichen? – Ja und nein.

Das praktisch Machbare stand für ihn immer im Mittelpunkt. Unbeirrt von ständigen Einmischungsversuchen seitens der Spitzenkräfte der SED-Kreisleitung entwickelte er den Betrieb seiner langjährigen Wirkungsstätte von einem durchschnittlichen, mit sehr wenigen finanziellen Möglichkeiten, zu einem führenden im DDR-Maßstab, mit Arbeits- und Lebensbedingungen für alle Beschäftigten, die es so kaum irgendwo in anderen volkseigenen Betrieben oder Genossenschaften gab. Doch je mehr er in seiner Arbeit Erfolge erzielte, desto größer wurden auch die um die SED gescharten Neider und desto deutlicher wurde sein Widerspruch zu den Praktiken und Machenschaften der örtlichen SED-Führung, bis er schließlich an abscheulichen Intrigen und vorsätzlichen Verleumdungen der SED-Machthaber gescheitert ist.

In seinen damaligen zum Parteieintritt unverfälschten Vorstellungen schien ihm die SED die richtige Partei zu sein, in der er seinen großen Willens- und Leistungsdrang voll entfalten konnte.

Er baute auf die Grundlagen des Marxismus und was im Parteistatut geschrieben stand. Leider! – Denn in der Praxis, im täglichen Leben, überall wurde gebeugt und verdreht, wie die jeweilige SED-Führung es gerade brauchte. Dabei schienen ihm die schlimmsten Leute in den SED-Bezirks- und Kreisleitungen zu sitzen. Eine andere Partei reizte ihn nicht. Die CDU war für ihn eine rein kirchliche Partei und schied für ihn allein aus diesem Grund aus. Die LDPD sah er als Partei der Geschäftsleute. Die NDPD betrachtete er als vergangenheitsverbunden und in die DPD wollte er auch nicht, er war ja kein Bauer.

Bei seinem Eintritt in die SED war er davon ausgegangen, das Richtige zu tun, zumal nach seiner damaligen Überzeugung viele gute Ideen und Zielstellungen der früheren SPD in die SED geflossen waren. Leider war seine damalige Annahme falsch.

Bedingt durch Umzug in eine andere Stadt überschritt er seine SED-Kandidatenzeit von 2 Jahren für Angestellte und technische Intelligenz, die bei Produktionsarbeitern nur ein halbes Jahr betrug. Nichts ahnend meldete er sich bei seiner neuen Parteileitung und merkte zum ersten Mal, dass er von den alten Hau-Ruck-Kommunisten in dieser Parteileitung keinerlei Hilfe und Unterstützung erwarten konnte. Die Überschreitung seiner Kandidatenzeit der SED-Mitgliedschaft war nach Auffassung der Parteileitung klassenfeindliches- und parteischädigendes Verhalten und eines Genossen unwürdig!

Gerd sah das nicht so verbissen, doch als diese Berufskommunisten ihm eine neue Arbeitsstelle vermiesten, wäre er am liebsten sofort aus der SED ausgetreten. Um das Kapitel abzuschließen, wechselte er den Betrieb. Aber auch in dem neuen Betrieb saßen alte Kommunisten als SED-Mitglieder an allen führenden Stellen, die solchen Leuten, wie Gerd Kilian, nicht mit offenen Armen entgegenkamen.

Gerd war bestrebt, sich mit guten fachlichen Leistungen nach oben zu arbeiten, was ihm recht gut gelang. Parteilich machte er das, was alle anderen Genossen machten. Er besuchte ohne zu diskutieren die Parteiversammlungen und bezahlte regelmäßig seinen Parteibeitrag. In Gewerkschaftsversammlungen döste er vor sich hin, so, wie fast alle anderen.

Eine Grunddevise der SED war es, fachlich gute Genossen für parteiliche Aufgaben voll zu nutzen. Das führte logischerweise dazu, dass Gerd Kilian als Lektor im SED-Parteilehrjahr eingesetzt wurde. Seine Zustimmung bzw. Einverständnis interessierte niemanden, die Parteileitung legte fest, und die so Festgelegten hatten zu folgen. Die Veranstaltungen im Parteilehrjahr sollten vorwiegend den Genossen in der Produktion die ökonomischen Zusammenhänge der sozialistischen Planwirtschaft und damit die Richtigkeit der Politik und hohen Führungstätigkeit der SED aufzeigen.

Anfangs ging das auch ganz gut. Gerd führte das Parteilehrjahr nach vorgeschriebenen Themen und Inhaltsvorgaben durch und versuchte seine Erfahrungen in der Produktion mit den theoretischen Vorgaben zu verbinden. Bald jedoch entstand für ihn ein Widerspruch zwischen dem, was er in der Theorie zu erläutern hatte und dem, was er aus dem täglichen Betriebsgeschehen kannte. Er merkte zum ersten Mal ein inneres Aufbegehren gegen seine eigene Parteiarbeit. Je mehr er nachdachte, umso deutlicher wurde dieses Aufbegehren und wuchs langsam zum Widerstand heran. Der sollte durch andere Erfahrungen noch gesteigert werden.

Mit zwei anderen Mitbewerbern wollte Gerd Kilian eine Garage für seinen langersehnten Trabant am Rand eines verwahrlosten Denkmalsplatzes in seinem Wohngebiet erbauen. Zur Zustimmung der Genehmigung wurden die Bewohner des Wohngebietes zu einer öffentlichen Versammlung geladen und so auch der 1. Sekretär der dortigen SED-Kreisleitung, der zufällig auch in diesem Wohngebiet wohnte. Er war gegen diesen Garagenbau und verkündete großspurig vor allen Anwesenden, dass im Westen auch nicht jeder Bürger eine eigene Garage hätte und ihre Autos dort Tag und Nacht auf der Straße stehen würden. – Beifall! – Gerd stimmte den westlichen Tatsachen zu und forderte sofort den 1. Sekretär auf, endlich dafür zu sorgen, dass auch solche Verhältnisse bei uns einziehen sollten. Er fügte scharf hinzu, dass seine Mitbewerber und er gerne auf den Garagenbau verzichten würden, wenn sie nicht in der DDR 10 Jahre und länger auf einen lappigen Trabant warten müssten und ihn dann auch nur mit maximal 3 Monatsgehältern bezahlen könnten, wie im Westen! – Auch hier gab es Beifall, aber verhalten.

Trotz langer Gesichter vom 1. Sekretär und anderer Genossen wurden die Garagen gebaut.

In seinem Betrieb hatte sich Gerd öffentlich für sein, eines Genossen unwürdigen Verhaltens dem 1. Sekretär gegenüber zu verantworten, parteischädigend und feindlich sei er. Gerd nahm es gelassen und fühlte sich nach wie vor im Recht.

Dann war es wieder so weit. Obwohl Gerd Kilian wiederholt gegenüber der Parteileitung seines Betriebes seine Ablehnung zur weiteren Arbeit als Lektor im Parteilehrjahr bekundet hatte, wurde er ohne jegliche Rücksprache wiederum als Lektor eingesetzt. Er konnte es so auf einem öffentlichen Aushang der Parteileitung lesen. Seine mündliche Beschwerde hierüber und seine erneute Ablehnung als Lektor zu arbeiten, brachte ihm eine Vorladung vor die Parteileitung.

Der erste Blick in die Runde der verbissen dreinschauenden Parteileitungsmitglieder reichte ihm, den voraussichtlichen Ausgang der Aussprache zu erahnen. Gerd konnte und wollte nicht mehr das bevorstehende Gebabbel „du musst, du bist es den Genossen schuldig, auf unsere Kosten studieren und nichts für die Partei tun", usw. hören. Er kannte so etwas schon von anderen vorausgegangenen Aussprachen zur Genüge, und so sprach er in dieser Vorladung öffentlich seine Kündigung des Arbeitsrechtsverhältnisses aus, weil ihm das der einzige Weg aus seinem inneren Widerstand zwischen der täglich erlebten Praxis im Betriebs- und Parteileben, der zentral vorgegebenen marxistisch-leninistischen Theorie und dem auf ihn ausgeübten Druck durch die betriebliche Parteileitung schien.

Die Entwicklung der Intelligenz

Die in seiner bisherigen Berufstätigkeit erlebten Praktiken und Verhältnisse in den beiden Betrieben, in denen er seiner Arbeit nachgegangen war, und in Verbindung mit der oft gezeigten mangelhaften Kreativität veranlassten Gerd Kilian zu folgender Charakteristik der erlebten Praxis:

In der ehemaligen DDR konnte sich jeder Bürger so entwickeln, wie er wollte, wenn diese Entwicklung im Rahmen der vom Staat und SED vorgegebenen Orientierungsrichtlinien und Planzahlen lag. Die 10. Klasse einer Grundschule mit polytechnischer Ausbildung musste möglichst jeder Schüler erreichen, auch wenn die vergebenen Noten in bestimmten Fächern den Leistungen nicht entsprachen und außerdem für den zu erlernenden Beruf nicht erforderlich waren. Die Hauptsache war, die Statistik stimmte und man konnte in die Welt hinaus schreien: „Seht, wie gut wir sind!"

Bei der Intelligenz, einschließlich der vielen Männlein und Weiblein, die sich nach einem Frauensonderstudium oder SED-Parteisonderstudium Meister, Ingenieurökonom, Ingenieur und sogar Diplomingenieur des Industrieinstitutes (d. I.I.) – volkstümlich auch Schmalspur genannt – nennen durften, war es in den volkseigenen Betrieben und in Institutionen nicht viel anders.

Vielleicht lässt sich die damalige Situation am besten mit einer Championzucht vergleichen.

In dem zentral vorgegebenen Mist (Volkswirtschaftsplan) konnte sich jeder selbst entwickeln und entfalten. – Ob er nun selbst Mist produzierte, sich von der misteigenen Wärme treiben ließ oder sich nur damit befasste, welchen Mist der Nachbar machte, war im Prinzip der Überwachung oder besser gesagt, der Leitung des Misthaufens egal. Die Hauptsache war, in dem Misthaufen bewegte sich was. – Aber wehe dem, wenn sich ein heller Kopf auch noch so vorsichtig aus dem Mist und dem Dunkel hervorhob und über den vorgegebenen Plan hinaus dachte! – Wie bei der Championzucht wurde er sofort abgeschnitten, er gehörte mit seinen Gedanken und Ideen der Partei. Selbst das Heben des Kopfes war parteischädigend.

Die Mistüberwacher der SED, in Form der Bezirks- und Kreisleitungen, sorgten in ihrer großen Machtgier natürlich auch besonders dafür, dass kein Leiter, in welcher Position auch immer, an ihrer Machtausübung, die sie Diktatur des Proletariates in Form des Demokratischen Zentralismus nannten, Kritik übte oder Widerspruch erhob.

Wehe dem, der das wagte! – Diese Leiter wurden nicht nur wie Champions abgeschnitten. Nein! – Diese Leute wurden mit Mist beworfen und von der SED-Clique am Boden zertreten, als seien es faule und madige Pilze. Gefolgstreue Mittreter fanden sich schnell – und die Mistüberwacher schlugen sich an die aufgeblähte Brust und verkündeten stolz, was sie doch für gute Menschen seien, denn sie hätten die Arbeiterklasse wieder einmal von einem üblen Gesellen befreit.

Leider glaubten ein Großteil der DDR-Bürger diesen Mistpredigern, ohne auch bei besserem Wissen zu widersprechen – aus Angst, dass auch sie wie madige Pilze behandelt werden könnten.

Zum damaligen Zeitpunkt ahnte Gerd noch nicht, dass er selbst diese Praxis der SED und ihrer aktiven Helfer zu spüren bekam.

Neue Arbeit, neue Widersprüche

In der damaligen Zeit konnte jeder volkseigene Betrieb, jede Institution und jede Genossenschaft, alle, die Bedarf an Arbeitskräften hatten, und der Bedarf war groß, öffentlich in Zeitungen werben.

Viele interessante Angebote gab es, doch wenige, die gleich eine bezugsfertige Wohnung mit anboten. Verlockend waren nur solche Angebote, auch wenn die neue Arbeitsaufgabe ein völlig neues Fachgebiet betraf.

Die Stadt Bornstett, die sich Gerd Kilian ausgesucht hatte, war eine typische Plattenbau-Wohnstadt der DDR, und bestand neben der eigentlichen, von Kriegseinwirkungen noch gekennzeichneten Altstadt, bereits aus einigen neuen Wohnkomplexen (WK), die von monolithischer Bauweise über Ziegelblock-, Block- und Plattenbauweise errichtet wurden. Die Stadt konnte bereits damals die gesamte Palette der DDR-Baugeschichte aufweisen.

Für die in den einzelnen Wohnkomplexen wohnenden Bürger waren dort die jeweils erforderlichen Einkaufs- und Dienstleistungseinrichtungen für den täglichen Bedarf integriert.

Eine P2-Wohnung des so genannten Berliner Typs stand bezugsfertig für Gerd zu Verfügung, dieser oft ungewollte Typ war jedoch ein gewaltiger Fortschritt gegenüber seiner bisherigen Wohnung, aber ein Rückschritt zu Wohnungen in anderen bereits erbauten Wohnkomplexen, bei denen Küche und Bad noch Fenster hatten, mit Fernheizung, eine zentrale Warmwasserversorgung besaßen und das alles für einen Mietpreis von 0,51 Mark der DDR pro Quadratmeter Wohnfläche einschließlich aller Wohnnebenkosten. Da er sich selbst nicht bevorzugen wollte, bestand er nicht auf eine solche Wohnung und blieb in der P2-Wohnung während seiner gesamten Tätigkeit in der Arbeiterwohnungsbaugenossenschaft (AWG) von Bornstett wohnen.

In seine neuen Arbeitsaufgaben hatte sich Gerd schnell eingearbeitet. Sein notwendiger Kontakt zu den Organen der Stadt und des Kreises war schnell hergestellt und beiderseits mit gut zu bewerten.

Die Stadt wuchs ständig infolge der immer mehr benötigten Arbeitskräfte für das Kohlekombinat und die Braunkohleindustrie.

Die für die Erhaltung der Wohnungen erforderlichen Reparaturkapazitäten standen weder in der Stadt, noch im Kreis zur Verfügung. Das, was vorhanden war, wurde zentral verplant und reichte oft nicht für die Betreuung der zahlreichen Kinderkrippen, Kindergärten und Schulen. Die Schaffung von eigenen Reparaturkapazitäten konnte nach Auffassung von Gerd nur der richtige Weg aus dieser Misere sein. Kurz entschlossen baute er vorhandene eigene Gewerke aus und koordinierte die einzelnen Gewerke mit denen des VEB Gebäudewirtschaft, dem Verwalter der staatlichen Wohnungen in der Stadt und im Kreisgebiet.

Der Aufbau der einzelnen Reparaturgewerke in der AWG, der neuen Wirkungsstrecke von Gerd Kilian und der Bau von neuen und modernen Werkstätten auf dem Gelände der Genossenschaft und im Industriegebiet, wurden von Seiten der SED-Kreisleitung nicht wohlwollend gesehen.

Obwohl alle Neubauten von Werkstätten vorwiegend mit genossenschaftseigenen Kapazitäten und im so genannten 2. Arbeitsverhältnis (2. AV) durch Mitglieder der Genossenschaft erfolgte – 2. AV war die freiwillige und besser bezahlte Arbeit nach dem offiziellen Feierabend der normalen Arbeitszeit – entzog nach der skurrilen Auffassung der SED-Machthaber Gerd Kilian angeblich dem Bauwesen Kapazität, sowohl in der Produktion als auch auf dem Materialsektor. Er war damit in den Augen dieser engstirnigen SED-Genossen der Sündenbock für Planschwierigkeiten im kreislichen Bauwesen. Endlich hatten sie nun jemand gefunden, dem sie das Versagen oder die Unfähigkeit anderer in die Schuhe schieben konnten und das wurde überall ausgenutzt.

Auch seitens des Direktors des Prüfungsverbandes Berlin für Arbeiterwohnungsbaugenossenschaften und deren Vorgänger, den Gemeinnützigen Wohnungsgenossenschaften (GWG), die sich über das 3. Reich in die DDR-Zeit gerettet hatten, wurde Gerd unter Androhung der Einschaltung eines Staatsanwaltes untersagt, eigene Handwerkerkapazitäten zu entwickeln. Als jedoch die nächste Revision des Prüfungsverbandes in der von Gerd geführten Genossenschaft die Richtigkeit seines Weges und seiner Ziele bestätigte, war er beim Prüfungsverband Berlin stets um seine Meinung bei der Weiterentwicklung der Wohnungsbaugenossenschaften in der DDR gefragt. Andere Genossenschaften der DDR wurden durch den Prüfungsverband Berlin aufgefordert, die guten Erfahrungen bei der Werterhaltung der Wohnungen in Bornstett zu nutzen. Delegationen aus sozialistischen Bruderländern wurden nach Bornstett in die AWG geführt. Selbst eine Delegation des saarländischen Landtages, die den Bezirk besuchte, wurde in die von Gerd geführte Genossenschaft geleitet, sicher, weil man mit seiner Arbeit angeben konnte.

Seitens der SED-Kreisleitung blieb es gegenüber Gerd Kilian und der durch ihn eingeleiteten Entwicklung nicht nur bei unsachlichen Aussprachen und Kritiken. Bald schon wurden härtere Geschütze aufgefahren, denn es durfte einfach nicht sein, dass eine so poplige AWG in der Werterhaltung und Reparaturdurchführung besser war, als der staatliche Partner, der VEB Gebäudewirtschaft und keinesfalls besser als der VEB Kreisbaubetrieb, der direkt dem Kreisbaudirektor unterstand und für den sich die SED-Kreisleitung voll verantwortlich fühlte. Der VEB Kreisbaubetrieb sollte eigentlich alle Reparaturen an Wohngebäuden und staatlichen Einrichtungen, wie Kindergärten und Schulen u. a. m., ausführen, bekam aber oft andere Vorgaben.

Auch die eigene genossenschaftliche Wohnraumlenkung, die in der DDR durch Gesetz den AWG'n für ihren Wohnraum selbstständig übertragen wurde, war deutlich effektiver, als die der Stadt Bornstett für die staatlichen Wohnungen, die der VEB Gebäudewirtschaft technisch zu verwalten und zu betreuen hatte.

Interessant ist auch der Fakt, dass schon nach wenigen Jahren des Wirkens von Gerd Kilian an den Gebäuden, aber auch an den gepflegten Außenanlagen vor den Wohnblöcken, die durch die Hausgemeinschaften – die Bewohner eines Einganges bildeten eine Hausgemeinschaft – und einzelne Genossenschafter gepflegt und betreut wurden, zu erkennen war, welcher Wohnblock Eigentum der Genossenschaft ist.

ANTENNENDREHER

Da alle neu erbauten Plattenbauwohnungen in der DDR mit einem zentralen Antennenanschluss ausgestattet waren, war das Gewerk Antennenbau in der AWG in Bornstett so entwickelt, dass die gesamte Neuinstallation in Nachauftragnehmerschaft vom VEB Wohnungsbaukombinat (WBK) für den hiesigen Standort von der AWG übernommen wurde, so auch für den nächsten Wohnkomplex, der ab 1973 errichtet wurde. Trotz der allseitigen Versorgung der Wohnungen mit Funk- und Fernsehanschlussmöglichkeiten, auch eine Telefonanschlußdose war installiert, obwohl es keine Zuschaltung von der Post gab, nutzten einige Bürger der Stadt jede sich irgendwie bietende Möglichkeit selbst eine eigene Antenne auf Balkon oder Dach ohne Genehmigung aufzubauen, um auch ein schemenhaftes und teils stark flimmerndes Bild des Westfernsehen von Westberlin zu empfangen. Der Empfang eines schlechten Fernsehbildes aus dem Westen störte Gerd nicht, konnte man doch über das Radio auch alle Informationen vom angeblichen Klassenfeind erhalten. Ihn störte das verschandelte Bild der Wohnblöcke mit selbst aufgebauten Antennen, ob Balkon, Loggia oder Dach und die hohen Reparaturkosten, die als Folge der wilden Baueingriffe an Gebäuden und Dächern auftraten.

Er vertrat die Meinung, dass nach dem VIII. Parteitag der SED nunmehr die DDR mit der bis in jede Brigade (Team) und jedes Kollektiv durchorganisierte SED-Parteiarbeit stark genug sei, die Westpolitik nicht nur zu hören, sondern auch zu sehen, zumal die meisten Bürger der DDR weniger Politik, sondern eine andere Unterhaltung erleben wollten. Die allgemeine Meinung war, der Parteisekretär und der BGL'er (Vorsitzender der Betriebsgewerkschaftsleitung) sollten wenigstens nach Feierabend draußen bleiben, mit denen hatte man auf Arbeit schon genug zu tun, und der Blick über die DDR-Grenzen hinaus könnte niemanden schaden.

Als das Gewerk Antennenbau der AWG für den neuen Wohnkomplex eine Antennenkopfstation aufbaute, bat Gerd Kilian kurzerhand schriftlich den Leiter des Hauptauftragsgebers Komplexer Wohnungsbau (HAG), der im Auftrag der späteren Rechtsträger der Wohnungen und Einrichtungen alle Formalitäten mit dem Wohnungsbaukombinat und den territorialen Organen zu erledigen hatte, für diese Antennenkopfstation Kanalverstärkerstreifen für den Empfang des Westfernsehens mit zu bestellen. Dabei war er der Meinung im Interesse der Genossenschafter und der dort einziehenden staatlichen Mieter zu handeln und durch die Einsparung von späteren finanziellen und materiellen Reparaturmitteln auch volkswirtschaftlich. Da mit dem mehr oder weniger schlechten Westfernsehbild auch die dort wohnenden Genossen der SED-Kreisleitung den gepredigten Untergang des Kapitalismus nun auch in Farbe sehen konnten, machte sich Gerd keine weiteren Gedanken über etwaige ideologischen Auswirkungen, weil die besseren Argumente doch bei den Genossen sein mussten.

Doch weit gefehlt! – Der Leiter des HAGs hatte nichts Eiligeres zu tun, als Gerds Schreiben über die Kanalstreifenbestellung der SED-Kreisleitung zu übergeben. Aussprachen in der SED-Kreisleitung und die Durchführung eines Parteiverfahrens in der Grundorganisation wegen vorsätzlicher Schädigung des Ansehens der Partei und der DDR bis hin zu der Aussage, Gerd würde für den Westen arbeiten, waren die Folge. Die Parteisekretärin von Gerds SED-Grundorganisation bemerkte nur kurz: „Konntest du die Kanalstreifen nicht direkt besorgen, da hättest du jetzt den Ärger nicht! – Sieh das aber nicht so tragisch und geh deinen Weg weiter, der für die Genossenschaft der richtige ist. Wir stehen hinter dir!" Sie fügte hinzu: „Denke doch einmal daran, dass die von der Kreisleitung auch ihre Erfolge brauchen."

Das Parteiverfahren wurde durchgeführt, obwohl ein grundsätzliches Einverständnis zum Anbringen einer Antenne Richtung Berlin für den Empfang von Westfernsehen an die zentrale Antenne eines Wohnblockes durch den Vorsitzenden des Rates des Kreises in Übereinstimmung mit der SED-Kreisleitung mündlich vorlag. Diese Zustimmung wurde kurzerhand für nicht mehr existent erklärt und Gerd wurde bei der öffentlichen Durchführung des Parteiverfahrens durch die Mitarbeiter der SED-Kreisleitung wie ein Staatsfeind behandelt. – Später erst erfuhr er, dass ein Parteiverfahren mit einer Parteistrafe niemals gelöscht wird und in der Parteiakte für immer verbleibt, die für jeden Genossen bei den SED-Kreisleitungen detaillierter und umfangreicher geführt wurde, als eine Kaderakte – Personalakte – in einem Betrieb. Diese Parteiakte durfte der Genosse selbst niemals einsehen.

BETRIEBSERWEITERUNG

Das Betriebsgelände der AWG war nach den Vorstellungen von Gerd viel zu klein bemessen und nur für ein paar Notdiensthandwerker ausgelegt, für die Verwaltung der vorhandenen Wohnungen dicke ausreichend. Es sollten aber mehr Wohnungen werden und da, wo die DDR hinsteuerte, brauchte man eigene Reparaturkapazitäten, um nicht alt auszusehen und neue Wohnungen von Anfang an vergammeln zu lassen.

Wenn er seine Pläne zur Schaffung von eigenen Reparaturkapazitäten für alle Genossenschaftswohnungen verwirklichen wollte, musste zuerst das Betriebsgelände erweitert werden. Auch die wild und kreuz und quer abgelagerten, ausgebauten alten Großkochgeräte eines kleinen Nachbarbetriebes störten ihn, die sollten auch verschwinden. Die Leitung des Nachbarbetriebes zur Ordnung zu bewegen, schien ihm nicht so schwer zu sein, viel schwieriger war ein anderes Problem. – Der VEB Kreisbaubetrieb war beauflagt worden, auf dem freien Gelände neben dem AWG-Gebäude für führende Genossen der SED-Kreisleitung Garagen zu bauen. Ihrer Größe wegen Stasi-Garagen genannt. Der VEB Gebäudewirtschaft hatte sie zu verwalten.

Die Genehmigung zur Erweiterung des Betriebsgeländes war durch die Stadt unbürokratisch erteilt worden. Das Gelände wurde eingefriedet, die wilde Ablagerung der alten Großkochgeräte beseitigt und ein Pförtnergebäude errichtet. Wenn nun die Spitzenfunktionäre der SED-Kreisleitung zu ihren Garagen wollten, mussten sie über das Betriebsgelände der AWG. Das war ein Dorn im Auge dieser Leute und passte auch Gerd nicht. Kurzerhand ließ er in der Nähe mit Genehmigung der Stadt, ebenfalls auf volkseigenen Grund die gleiche Anzahl von Garagen in normaler Größe errichten. Diese Garagen erhielt im Tausch mit den nunmehr auf dem Betriebsgelände der Genossenschaft stehenden Garagen, der VEB Gebäudewirtschaft. Zwei Garagennutzer waren mit dem Tausch einverstanden, den teuren Genossen der SED-Kreisleitung blieb nichts anderes übrig, als zähneknirschend zu folgen.

Welche Anschuldigungen und Aussprachen Gerd Kilian von diesen Genossen zu erdulden hatte, kann man sich gut vorstellen. Selbst von Vorstandsmitgliedern der Genossenschaft wurde die Meinung vertreten, dass man so mit den Genossen der SED-Kreisleitung nicht umgehen könnte, obwohl sie vorher mit dem Erweiterungsbeschluss einverstanden waren. Doch Gerd sah sich als gewählter geschäftsführender Vorsitzender der Wohnungsgenossenschaft und seine Aufgabe war es, die Genossenschaft zu stärken, zu festigen und weiter zu entwickeln und dazu gehörten für ihn auch für Einzelne unpopuläre Schritte. Außerdem hatten die von der SED-Kreisleitung für ihn keine Sonderrechte.

Die abgeschlossene Erweiterung des Betriebsgeländes sah Gerd nicht als Ruhekissen an. Tischlereigebäude mit großzügigem Versorgungstrakt für alle Beschäftigten und ein weiteres Werkstattgebäude folgten.

Als die Baugrube für das Werkstattgebäude ausgehoben war, wurde er zur SED-Kreisleitung bestellt. Der damalige 1. Sekretär eröffnete ihm: „Ich habe persönlich die freie Fläche hinter deinem Gebäude gesehen und begutachtet. Das eignet sich gut für ein Freibad. Du weißt, dass wir im Neubaugebiet so etwas nicht haben. Ich habe mich mit drei Bauleuten abgesprochen und lege fest, dass dort ein Freibad gebaut wird. Die Partei braucht was für die Kinder der Neustadt und das sind wir unseren Menschen schuldig!" Er faselte weiter vom sofortigen Baustopp für die AWG und einem Freibadausbau durch den VEB Kreisbaubetrieb.

Gerd konnte es kaum fassen. Mit welchem Recht mischte sich der Erste in genehmigte Bauvorhaben und wer ermächtigte ihn, einen Baustopp auszusprechen. Mit welchem Recht miss-achtete er die innergenossenschaftliche Demokratie. Er konn-te doch überhaupt nicht mit einem Federstrich einen Dele-giertenbeschluss der Genossenschaftsvertreter über den Haufen werfen, oder stand die SED-Macht außerhalb jeder gesetzli-chen Bestimmungen der DDR? – Gerd kochte. Seine Ant-wort war entsprechend: „Was wir in der Neustadt brauchen, weiß ich selbst, und wer das Freibad in der Altstadt nicht ordnungsgemäß erhalten kann, braucht kein neues Bad in der Neustadt. Im Übrigen, nicht mich, sondern jeden einzelnen Genossenschafter musst du von deinen Ideen überzeugen, damit sie ihren Beschluss zum Werkstattbau und damit zur Werterhaltung ihrer Wohnungen aufgeben. Das ist in einer Demokratie nun einmal so."

Der Werkstattbau wuchs wie geplant, als sich beide zufällig auf einer Straße begegneten. Wieder stand der Werkstattbau im Mittelpunkt des vom 1. Sekretär begonnenen Gespräches: „In Abstimmung mit dem Vorsitzenden des Stadtausschusses der Nationalen Front werden wir nun eine Sero-Annahmestelle auf deiner Baustelle errichten, wenn wir dort schon kein Freibad bauen können. Das Kellergeschoß steht und wir brau-chen nun nur noch ein Schleppdach darüber und können so-mit wichtige Rohstoffe für die Stärkung der Volkswirtschaft der DDR sammeln. Du willst doch auch die DDR stärken? Oder siehst du das anders?"

Gerd fuhr es durch den Kopf: Der muss doch spinnen! – „Ja, ich will die DDR durch eine starke Genossenschaft stärken und deshalb bauen wir das Werkstattgebäude weiter!" Für ihn war damit das aufgezwungene Gespräch zu Ende. Als er wei-terging und den Ersten stehen ließ, vernahm er noch die Wor-te: „Ich werde dir das schon noch heimzahlen, verlass dich drauf!"

Es dauerte nicht lange, bis sich unerwartet die ABI (Arbeiter-und Bauerninspektion) bei ihm meldete und mit Auftrag des

1. Sekretärs der SED-Kreisleitung prüfte, ob der Werkstattbau ein Schwarzbau, also außerhalb des Volkswirtschaftsplanes des Kreises sei. Doch Gerd hatte hier vorgesorgt. Die Plankennziffer für den Bau war wichtig und der Kreis hatte keine zu vergeben. Mit einem lapidaren Schreiben eines Trägerbetriebes der AWG, dem VEB Kohlekombinat, über die Umsetzung einer entsprechenden Baukennziffer zur AWG, obwohl außer diesem Schreiben nichts erfolgte, war der Werkstattbau kein Schwarzbau. Die erteilten Baugenehmigungen waren nur Nebensache. Die ABI bestätigte die Richtigkeit des Bauvorhabens. Es wurde ohne weitere Einmischungsversuche vollendet. Die Wohnungsgenossenschaft hatte sich nach Gerds Ideen und mit seiner Durchsetzungskraft wohl die besten Arbeits- und Lebensbedingungen für die Beschäftigten geschaffen und mit dem teils parallelen Aus- und Neubau von Ferienobjekten an der Ostsee und im Lausitzer Bergland, die auch von Genossenschaftern genutzt wurden, stand für jeden Beschäftigten jährlich ein genossenschaftseigener Ferienplatz für sehr wenig Geld zur Verfügung. Welcher VEB und welche PGH (Produktionsgenossenschaft des Handwerks) oder andere AWG konnte das noch aufweisen.

Die Wohnraumlenkung und der MÖP

Nach dem Gesetz über die Arbeiterwohnungsbaugenossenschaften hatte jede AWG seine eigene Wohnraumlenkung. Diesbezüglich unterstand sie dem Rat des Kreises, in Person dem Mitglied des Rates für Wohnungspolitik, von der CDU besetzt, das gleichzeitig dem Kreisbeirat für Arbeiterwohnungsbaugenossenschaften vorstand. Der Beirat hatte in erster Linie koordinierende Aufgaben. Wie in anderen Kreisen der DDR, stand dieser Beirat auch in Bornstett vorwiegend nur auf dem Papier.

Die hohe Bereitschaft zur Übernahme von Neubauwohnungen, deren Vergabe nach Schlüsselfestlegung der Stadt oblag und die schnelle Wiedervergabe von freigezogenen Wohnungen waren Anliegen der Genossenschaft. Spektakulär hatte auch hier Gerd Kilian Möglichkeiten für eine freiwillige Aufgabe von zu großem Wohnraum geschaffen.

Frau Dyck, als Mitglied des Rates des Kreises für Wohnungspolitik, sah das wohlwollend und nutzte es zur Erfüllung ihrer eigenen Aufgaben. In ihrer Funktion war sie für die Versorgung mit Wohnungen für militärische und paramilitärische Kräfte im Kreis zuständig. Im Kreis gab es dazu eine Militär-Ökonomische Planung (MÖP), die monatlich diesbezüglich unter Leitung von Frau Dyck (CDU) tagte. Es war vorgesehen, dass alle Wohnungsangelegenheiten der bewaffneten Kräfte ausschließlich mit kommunalen Wohnungen gelöst werden sollten. Weil das aber aus den unterschiedlichsten Gründen nicht klappte, die Genossenschaft aber hier vorbildlich arbeitete, wurde Gerd Kilian durch Frau Dyck mit den Worten: „Ich will, dass du beim MÖP mitarbeitest, um dort die Wohnungsprobleme lösen zu können", zu den Beratungen des MÖP hinzugezogen. Da saßen sie nun alle, alle Leiter, bzw. die zuständigen Offiziere, angefangen von der GST

(Gesellschaft für Sport und Technik), der Feuerwehrschule, der Volkspolizei, der Stasi, des Wehrkreiskommandos sowie Vertreter der SED-Kreisleitung und der Stadt. Dazu Frau Dyck und nun auch Gerd Kilian. Mit seiner Hilfe und genossenschaftlichen Wohnungen sollten nun unter Kontrolle der SED-Kreisleitung die Wohnungsprobleme der vorgenannten Kräfte gelöst werden. – Welch eine grandiose Aufgabe!

Der LVO-Vertrag

Eines Tages fand Gerd Kilian beim Durchsehen der täglichen Post einen Auftrag nach der Leistungs- und Lieferverordnung der DDR (LVO), ausgelöst von der Bezirksbehörde des Ministeriums für Staatssicherheit über Ausführungen von diversen Reparaturarbeiten.

Obwohl ein LVO-Auftrag mit der entsprechenden LVO-Nummer im Allgemeinen in den Betrieben sehr gefragt war, denn mit dieser Nummer gab es bei der Materialbeschaffung kaum Schwierigkeiten, weil sie vorrangig beliefert werden musste und Geld zur Bezahlung auch vorhanden war, schickte Gerd den Auftrag zurück. Er begründete dies mit dem Gesetz über die AWG'n und dem Handbuch für Arbeiterwohnungsbaugenossenschaften des Prüfungsverbandes Berlin, wonach genossenschaftliche Reparaturkapazitäten ausschließlich nur für die Erhaltung der eigenen Gebäudesubstanz einzusetzen waren.

Als Frau Dyck hiervon erfuhr, errötete ihr schmales Gesicht, dann erklärte sie kategorisch: „Die Auftragslegung ist mit mir abgestimmt, und ich will, dass du mit deinen Handwerkern diese Arbeiten ausführst und mit den Leuten der Staatssicherheit zusammenarbeitest." – Diese Entscheidung der Frau Dyck war deutlich. Sie verstieß gegen das Gesetz über die AWG'n, welches Frau Dyck in ihre Funktion als Ratsmitglied und als Vorsitzende des Kreisbeirates unbedingt zu wahren hatte. Das schien ihr aber unwichtig zu sein, ihr Interesse galt der Absicherung der anstehenden Reparaturmaßnahmen bei der Stasi. Die gewünschten Arbeiten wurden somit von der Genossenschaft übernommen.

In diesem Zusammenhang informierte sie Gerd Kilian noch, dass demnächst Vertreter der Kreisdienststelle des MfS mit ihm Verbindung aufnehmen würden, um alles Nähere hierzu zu besprechen.

DIE STASIVERMITTLUNG

Es dauerte keine vierzehn Tage, bis sich zwei Genossen dieser Stelle bei ihm meldeten. Vom sehen waren sie bekannt. Sie stellten sich als stellvertretender Dienststellenleiter und als Stabschef vor. Letzteren, ein hagerer, rothaariger Mann mit Brille, kannte Gerd von den Beratungen des MÖP.

Nachdem sie sich auf die Ankündigung von Frau Dyck bezogen hatten, begannen sie von dringend erforderlichen Sicherheitsmaßnahmen bei den Reparaturen zu sprechen. Da Gerd nun durch den MÖP und die bei ihnen durchzuführenden Reparaturen viele Einzelheiten kennen würde und durch die Wohnungsvergabe auch die Privatanschriften von Mitarbeitern der Dienststelle, brauchten sie seine unbedingte Verschwiegenheit. Im erweiterten Sinn wäre er ja selbst für die Sicherheit der in der AWG wohnenden Genossen ihrer Dienststelle mit verantwortlich.

Gerd kannte solche Sicherheitsvorschriften aus seinem früheren Arbeitsgebiet in der Metallverarbeitung. Da dort in einem Betriebsteil verschiedene Produkte für die NVA hergestellt wurden, mussten alle Beschäftigten dieses Betriebsteils, auch die, die nur zeitweise Zugang hatten, eine Schweigepflichtserklärung unterschreiben. Er hatte damals auch unterschreiben müssen zu schweigen und niemanden von dieser Produktion zu berichten. Sie sprachen darüber. Vier Jahre Schweigepflicht, wie es verlangt wurde, war für ihn normal. So fiel es ihm nicht schwer, die beiden vorgelegten Zettel zu unterschreiben, ohne sie genau und einzeln durchzulesen. Den oberen A5-Zettel hatte er nur kurz überflogen, da er bewusst in ein Gespräch verwickelt wurde. Er ging davon aus, dass es sich bei dem 2. Zettel um einen Durchschlag handelt, zumal sie übereinander lagen. Ob es so war? – Heute weiß er es anders! Beide unterschriebenen Zettel wurden sofort in eine Mappe der Stasileute gelegt.

Erst nach der Wende, als er in seine Stasiakte Einsicht nahm, sah er, was er damals unterzeichnet hatte. Vermutlich war der zweite Zettel eine untergeschobene Verpflichtungserklärung als IMS.

Nach diesem Treffen in seinem Arbeitszimmer wurden die Wohnungsprobleme des MfS fast ausschließlich durch persönliche Besuche des Stabschefs, der hier in Bornstett für die Wohnungsangelegenheiten verantwortlich war, in persönlichen Besuchen am Tisch von Gerd Kilian geklärt. Diesen Schritt unternahmen danach auch das Wehrkreiskommando, das Volkpolizeikreisamt mit der Feuerwehr. Zu Beratungen des MÖP wurde Gerd nicht mehr eingeladen.

GESPRÄCHSERWEITERUNG

Die Gespräche, die der Stabchef bei der Klärung von Wohnungsproblemen führte, dehnten sich systematisch auf andere Themen aus, belanglose Fragen wurden gestellt, die aber immer eine bestimmte Absicht verfolgten.

Die Wohnungsangelegenheiten betrafen bald nicht mehr die Mitarbeiter seiner Dienststelle allein, nein, er wollte nun auch Wohnungsprobleme von bestimmten Bürgern gelöst haben, die in anderen Betrieben und Einrichtungen arbeiteten. Waren das alles Mitarbeiter des MfS, der Firma Paul Greifzu oder nur Firma, wie das MfS landläufig hier genannt wurde? Gerd wunderte sich über Namen, von denen er so etwas nicht gedacht hätte. Es waren junge Leute aus der FDJ (Freie Deutsche Jugend), Angestellte aus verschiedenen Einrichtungen, Ingenieure, Architekten und Ärzte. Sicher war es nicht nur Interesse der Stasi all diese Leute mit einer Wohnung hier in Bornstett zu halten. Ihm schien es so, als würden sie irgendwie mit der Stasi zusammenarbeiten. Bei einigen wusste er es und war schon zu früheren Zeiten etwas vorsichtig mit seinen offenen Äußerungen. Für ihn waren auch die offenen, bekannten Mitarbeiter des MfS nicht so gefährlich, wie die unbekannten, die aus Freude anderen zu schaden, alles Mögliche übertrieben weiter trugen.

DER DIENSTSTELLENLEITER

Eines Tages brachte der Stabschef den Leiter des MfS der Kreisdienststelle von Bornstett mit, weil dieser Gerd kennenlernen
wollte. Er war Gerd sympathisch, hatte das gleiche Hobby
wie er, alte historische Waffen, und trank gerne einen guten
Weinbrand, den Gerd in seinem Zimmer vorrätig hatte. Sicher war es der Weinbrand, aber auch das gemeinsame Hobby, die den Leiter der KD des MfS veranlassten, mehrmals im
Jahr in der AWG zu erscheinen. Die Gespräche, die mit diesem Leiter geführt wurden, schienen Gerd Kilian offen und
ehrlich zu sein, ganz anders als beim Stabschef, bei dem grundsätzlich ein bestimmtes Misstrauen mitwirkte. Auf Gerds oft
sehr neugierige Fragen, gab er bereitwillig eine Antwort. So
erkundigte sich Gerd nach Dienstgraden des MfS, ob sie wie
bei der NVA oder der VP gestaltet waren, die eigenen Dienstgrade wurden dabei genannt, nach der Uniform der MfS-Mitarbeiter, der Dienst- und persönlichen Bewaffnung. Interessant für Gerd waren da folgende Aussagen:

1. Die Dienstgrade der MfS-Mitarbeiter waren denen der VP
   gleichgestellt.
2. Die Mitarbeiter des MfS hatten keine eigenen Uniformen.
   Jedem Offizier stand eine VP-Uniform zur Verfügung, die
   nur zu bestimmten Anlässen getragen werden durfte. Das
   galt auch für die Mitarbeiter des MfS, die ihren ständigen
   Arbeitsplatz in der SED-Kreisleitung oder in großen Betrieben hatten.
3. Bestimmte Offiziere hatten neben der planmäßigen Bewaffnung – Makarow M 9,2 mm, Kalaschnikow AK/AKS 74
   5,45 mm – noch eine zweite Handfeuerwaffe, der Stabschef
   eine 17-schüssige Pistole österreichischer Produktion P 80
   (Glock 17), der Leiter eine Handfeuerwaffe Skorpion 61 mit
   20 Schuss Magazin 7,65 mm aus der Produktion der ČSSR.

Der Stabschef wollte mit diesen Informationen nicht gerne herausrücken, doch der Leiter sprach offen darüber, als könnte jeder das wissen.

STASI UND WOHNRAUMLENKERIN

Mindestens einmal im Monat meldete sich der Stabschef, um nach bestimmten Wohnungsangelegenheiten zu fragen. Für Gerd war interessant, dass er oft eine bestimmte, freiwerdende Wohnung für seine Mitarbeiter beanspruchte. Irgendwie erfuhr er früher, als die Post über Gerds Tisch gelaufen war, dass bestimmte Wohnungen in den verschiedensten Wohnblöcken frei gezogen wurden. Waren das alles Bekannte der Stasi – sprich Informanten, oder hatte der Stabschef eine Quelle, vielleicht aus den eigenen Reihen der AWG, die ihm entsprechend zuarbeitete. Letzteres schien ihm die wahrscheinlichste Variante zu sein, wurden doch in den Sprechstunden durch Genossenschafter etwaige Umzugsabsichten offenbart.

Als in einem Gespräch wieder eine Wohnung als bald frei gezogen offeriert wurde, erkundigte sich Gerd telefonisch bei seiner Mitarbeiterin für Umzugswohnungen. Sie bestätigte, dass sie die schriftliche Kündigung der Wohnung vom Genossenschafter in der Sprechstunde erhalten hätte, sie habe sie gerade in die Post gelegt. Das war also des Pudels Kern! Der Stabschef hatte bei diesem Telefonat die Ohren gut gespitzt. „Gackert heißt deine Wohnraumlenkerin?", begann er wieder das Gespräch. „Ist das die kleine Blonde und wohnt die etwa in der Heine Straße?" Gerd bejahte. „Da kenn ich die! Wir haben einmal im gleichen Haus gewohnt. Ich werde mit der Frau ein Gespräch aufnehmen, vielleicht können wir da einiges noch schneller lösen."

Gerd passte das überhaupt nicht, entsprechend war seine Antwort: „Ich möchte nicht, dass jeder x-beliebige Mitarbeiter von euch hier bei mir im Hause mit jedem Mitarbeiter von mir Gespräche führt. Wenn Ihr Probleme habt, dann kennst du die Anlaufstelle. Ich möchte, dass das so bleibt!"

Obwohl der Stabschef so tat, als ob, merkte Gerd schon bald, dass hier ein ständiger Informationsaustausch stattfand, er durfte sich das aber nicht anmerken lassen.

Wenn der Stabschef sich meldete und für eine bestimmte leere Wohnung für ein oder zwei Tage in der Renovierungsphase den Wohnungsschlüssel begehrte, und das war mehrfach der Fall, musste Gerd den Schlüssel von Frau Gackert abfordern. Was die Stasi da gesucht oder gemacht hat, war und wurde Gerd nicht bekannt. Oft war bei der Schlüsselabforderung ein fragender Blick von Frau Gackert zu sehen. Nach dem angekündigten Gespräch des Stabschefs mit ihr schien es Gerd so, als habe sie auf die Schlüsselabforderung schon gewartet. Gerds Vermutung sollte drastisch bestätigt werden. Frau Gackert hatte ihren 50. Geburtstag. Völlig unerwartet erschienen der stellvertretende Leiter und der Stabschef mit einem Karton unter dem Arm in Gerds Zimmer. „Wir wollen nicht stören und sind gleich wieder weg, Frau Gackert hat doch heute ihren 50. Geburtstag. Wir wollen ihr da eine kleine Freude machen und ihr für ihre Arbeit ein kleines Geschenk überreichen. Es sind nur ein paar Kristallweingläser. Wir wollen dich nur fragen, ob du etwas dagegen hast."
„Was geht mich das an, wer von euch, zu welchem Anlass auch immer, ein Geschenk bekommt. Das ist doch nur eure Sache und geht mich nichts an. – Ich kann und werde euch niemals in eure Angelegenheiten hineinreden." Warum sich beide erstaunt anschauten, wusste Gerd damals nicht. Nach kurzer Verabschiedung gingen sie in das Zimmer von Frau Gackert.

DER GENERALSCHLÜSSEL

Der Leiter des MfS und der Stabschef hatten um einen dringenden Termin gebeten.

„Heute brauchen wir etwas Bestimmtes von dir." Der Leiter legte eine kurze Pause ein, als ob er der Bedeutung seiner Worte besonderen Nachdruck verleihen wollte. „Was braucht ihr, wenn ihr mit geballter Kraft kommt? Eine besondere Wohnung, einen Wohnungsschlüssel oder habt ihr Reparaturfragen." Gerd war gespannt.

„Nein, wir wollen deinen Schlüssel für die Wohnungen!"

„Was denn für einen Schlüssel und für welche Wohnungen?"

„Deinen Spezialschlüssel für alle Genossenschaftswohnungen. Wir haben erfahren, dass du so einen Schlüssel hast, und den wollen wir uns einmal ausleihen."

Gerd war wie vor den Kopf gestoßen. „Was denn? Wer hat euch denn diesen Bären aufgebunden? Es gibt in der Genossenschaft keinen Schlüssel für alle Wohnungen, nicht einmal für eine einzige! Für eine an Mitglieder vergebene Wohnung gibt es bei uns keinen Schlüssel, geschweige denn für mehrere Wohnungen oder gar für alle. Niemand in der Genossenschaft hat so etwas! – Das WBK (Wohnungsbaukombinat) übergibt uns die fertigen Wohnungen mit drei oder vier Schlüsseln, je nachdem, wo sie gerade die Einbauzylinder herbekommen, ob von Babelsberg, von Gera, aus Ungarn oder der ČSSR. So, wie diese Zylinder gerade am Lager sind, werden sie eingebaut.

Außerdem wisst ihr genau, dass viele Genossenschafter sofort nach oder noch vor dem Einzug in die Wohnung, den Einbauzylinder aus Sicherheitsgründen wechseln. Ich kann das voll verstehen, denn niemand weiß, wie viel zusätzliche Schlüssel der Vormieter anfertigen ließ, auch wenn er unterschreibt, alle Schlüssel, auch die nachträglich angefertigten, abgegeben zu haben.

Da fertigungstechnisch immer mehrere gleichschließende Zylinder, trotz der sehr hohen Anzahl von Schließmöglichkeiten, montiert werden, und danach erst eine Vermengung bei der Verpackung erfolgt, kann niemand genau sagen, ob nicht zufällig der Schlüssel einer Wohnung zur Nachbarwohnung, einer Wohnung im Nebeneingang, oder einer anderen im Wohnblock passt. Ein Zylinderwechsel ist immer empfehlenswert, aber auch das ist keine Garantie." Gerd legte in seinem Redefluss eine kurze Pause ein.

„Noch eins muss ich euch sagen. Wenn es wirklich so wäre, dass für bestimmte Wohnungen ein Generalschlüssel existierte oder ein Genossenschafter während seiner Abwesendheit aus seiner Wohnung mir seinen Schlüssel zur Aufbewahrung geben würde, würde ich niemanden und ich betone niemanden den Schlüssel aushändigen. – Es handelt sich also bei eurer Information, was mich und einen Generalschlüssel für alle Wohnungen betrifft, um eine völlige Desinformation.

Euer Informant scheint ein böswilliger Bärenzüchter zu sein, die er anderen aufbündelt. Von Schlüsseln und Schließsystemen hat er überhaupt keine Ahnung. Er sollte sich lieber von der fachlichen Seite richtig erkundigen, bevor er eine Verleumdung als Tatsache verkauft. Ich muss mir von niemanden eine solche Unterstellung gefallen lassen!"

Sichtlich betroffen schauten sich beide an. Aus den weiteren nebensächlichen Fragen hatte Gerd jedoch den Eindruck, als würden sie ihm und seinen Worten nicht richtig glauben.

MISSTRAUEN

Die Gespräche, die vorwiegend der Stabschef bei seinen Besuchen in der AWG führte, und die er bewusst auf andere Sachthemen ausdehnte, wurden stets offener, schienen aber immer eine Portion Misstrauen zu beinhalten. Gerd Kilian war ja auch sehr neugierig und stellte lieber selbst zu verschiedenen Geschehnissen Fragen, als dass er selbst nur der Befragte war.

Das Misstrauen der Stasimitarbeiter, dass er immer wieder aus vielen Nebenfragen hörte, galt auch den Stasileuten untereinander, was folgende Notiz belegt:

Der stellvertretende Leiter der KD des MfS hatte sich den Schlüssel einer Leerwohnung erbeten. So etwas gab es nicht nur bei genossenschaftlichen Wohnungen, es war auch bei staatlichen – kommunalen Wohnungen so. Ob bei privaten Wohnungen während der Renovierung die Stasi, eventuell getarnt als Handwerker, ebenfalls ungehinderten Zutritt hatte, ist durchaus vorstellbar. Das war gang und gäbe, eben DDR-Praxis.

Drei Tage nach der Schlüsselrückgabe erschien der Stabschef und begehrte denselben Schlüssel nochmals. Obwohl die Renovierung noch nicht abgeschlossen war, stutzte Gerd und stellte die entsprechenden Fragen nach dem Wieso und Warum. Die Antwort war einfach und verblüffend. „Ich weiß, dass der Schlüssel schon einmal geholt wurde und gerade deshalb brauche ich ihn nochmals. Ich muss da etwas überprüfen. – Aber der stellvertretende Leiter darf nicht erfahren, dass ich den Schlüssel nochmals geholt habe. Wir haben uns verstanden. Du wirst ihm nichts von meinem heutigen Besuch bei dir sagen. Das geht nur mich etwas an."

Da war das große Misstrauen, nicht nur normalen DDR-Bürgern gegenüber. Sie trauten sich gegenseitig ebenfalls nicht.

VEREHRER DER KAISERZEIT

Das Misstrauen war auch ständig in den normalen Gesprächen zu spüren, die zur Klärung normaler Wohnungsprobleme dienten. Am Ende eines solchen Gespräches stellte der Stabschef unerwartet die Frage: „Sag mal, du bist Deutsch-Nationaler? Du verehrst die alte Kaiserzeit?" Gerd war wie vor den Kopf gestoßen: „Was soll der Quatsch! Spinnst du? Oder hat dir wieder jemand einen Floh ins Ohr gesetzt. Wieso verdächtigst du mich? – So lange wie du hier schon deine Wohnungsprobleme klärst, müsstest du mich eigentlich besser kennen. Wie kommst du nur auf so einen Blödsinn?"

„Das ist ganz einfach zu erklären. Du hast doch einen Kleingarten." Gerd bejahte. „Na und da hast du an einem Geländer deutlich die schwarz-weiß-roten Farben, die Farben der alten Kaiserflagge, dokumentiert. Oder stimmt das etwa nicht?"

Gerd stutzte. Überall lauert das Misstrauen und überall kann man unbewusst in das Fettnäpfchen treten. „Ja, das stimmt. Ich habe im Garten ein Geländer von etwa einem Meter Länge mit schwarzem Handlauf. Das Geländer ist sonst weiß gestrichen und hat in der Mitte eine stilisierte rote Blume. Wäre der Handlauf nicht schwarz, wäre ich nicht zufällig, oder mit Absicht in den Verdacht eines Kaisertreuen oder gar eines Nationalsozialisten gekommen. Dein Zuträger muss ein ausgesprochen phantasieloser und zugleich dummer Mensch sein. Vielleicht wollte er sich auch nur wichtig tun und dir einen Erfolg melden. Und du gibst diese Dummheit noch zum Besten. –

Aber damit du zufrieden bist und ich wieder meine Ruhe habe, werde ich das Geländer rot und die Blume gelb streichen. Allerdings das DDR-Embleme kann ich nicht mehr hineinzaubern."

Von einem Gartennachbarn erfuhr er, allerdings erst nach der Wende, dass sich oft, aber besonders Mitte 1989 mehrere

Personen nach ihm erkundigt hätten, was er so macht, ob er sich auffällig verhält und welchen Besuch er empfängt. Als Entschuldigung für die späte Information führt der Gartennachbar an, er habe sich aus eigenen Sicherheitsgründen zu DDR-Zeiten nicht getraut, ihn darüber zu informieren.

FORDERUNG AUF VERÄNDERUNG

„Du bist in der letzten Beratung der SED-Kreisleitung zur Arbeit des kreislichen Bauwesens im Schlusswort des Wirtschaftssekretärs der Kreisleitung heftig kritisiert worden, weil du deine Unzufriedenheit über ungenügende Qualität und mangelhafte Termintreue bei Reparaturarbeiten durch den VEB Kreisbaubetrieb zum Ausdruck gebracht hast?", begann der Stabschef sein Gespräch bei einem erneuten Besuch in der AWG.

„Da weißt du viel und doch nur die Hälfte. Ich habe in dieser Beratung überhaupt keinen Diskussionsbeitrag gegeben. Also kann ich auch keine Kritik am Kreisbaubetrieb geübt haben. Ich saß nur in der Beratung, weil ich dort sein musste, gebracht hat mir die Beratung sowieso nichts. – Einen Diskussionsbeitrag hat eine Genossin unseres Gewerks Antennenbau gegeben, zu unseren eigenen Problemen. Auch sie hat zum Kreisbaubetrieb nichts gesagt."

„Das versteh ich nicht. Als ich noch vor der Beratung in der SED-Kreisleitung war, hat mir doch der Wirtschaftssekretär gesagt, dass er mit deinem Diskussionsbeitrag nicht zufrieden sein könne. Hattest du nicht das Thema von der Abteilung Wirtschaft der Kreisleitung für deinen Diskussionsbeitrag vorgegeben bekommen? Solltest du nicht über die Reparaturarbeiten an genossenschaftlichen Gebäuden des Kreisbaubetriebes sprechen?"

„Ja, das hätten die bestimmt gerne gewollt. Aber ich muss doch nicht das tun, was die mir vorschreiben. Dazu haben die doch überhaupt keine Voraussetzungen. Schau dir doch nur den Wirtschaftssekretär an. Er war doch nicht einmal in der Lage, während so einer Beratung, sein vorgefertigtes Schlusswort nach dem tatsächlichen Verlauf der Diskussion zu korrigieren. Was sind das nur für Leute, die sich anmaßen mit solch einem Wissen und Können die kreisliche Wirtschaft leiten zu wollen. Es kann aber auch sein, dass ich befohlenermaßen wieder einmal öffentlich kritisiert werden sollte. Das ist natürlich auch möglich und schief gegangen."

Nach einer kurzen Pause fügte Gerd hinzu: „Sag mal, wie lange wollt ihr als Sicherheitsorgan der DDR einem solchen Treiben noch zusehen. Für mich sind die lieben Genossen unserer Kreisleitung, bis auf einzelne Ausnahmen, unfähig ihre eigentlichen Aufgaben zu erfüllen. Sie kommen vorwiegend aus Leitungen der FDJ, haben eine Kreis- oder Bezirksparteischule besucht, kaum Praxis in einem Beruf und werden nun auf die Menschheit losgelassen. Das kann nicht gut gehen. Da das sicher nicht nur in unserem Kreis so ist, wird es nach meiner Meinung höchste Zeit, dass von euch aus etwas unternommen wird, hier eine Änderung herbeizuführen. Stimuliert die Leitungen in Betrieben und Einrichtungen endlich so finanziell nach ihren Leistungen und Ergebnissen, dass sie Interesse haben, mehr zu leisten. Und das mit aller Konsequenz. Wer gut ist, soll ordentlich verdienen. Sorgt endlich dafür, dass in der DDR die Partei (SED) und die Gewerkschaft Gehilfen des Leiters bei der Planerfüllung sind, und nicht seine Kontrahenten, wie es oft in der Praxis ist. Wenn ihr in nächster Zeit hier keine Änderung schafft, kann das zu bösen Folgen für die DDR führen." Gerd hatte sich seinen angestandenen Frust wieder einmal von der Leber gesprochen. Er hoffte, das an der richtigen Stelle getan zu haben. Wenn viele, wie er, Widerstand leisten würden, könnte etwas erreicht werden. – Angst über das Gesagte hatte er nicht, ging es ihm doch in seinen Ausführungen ausschließlich um das Wohl der DDR und um die Beseitigung von Hindernissen, die nach seiner Meinung nicht das Wohl der DDR, sondern in erster Linie den Ausbau der Vormachtstellung der SED-Leitungen auf unterer Ebene zum Ziel hatten.

Der Stabschef hatte aufmerksam zugehört. Sein Gesichtsausdruck war ernst und angespannt. Es dauerte auch eine Weile, bevor er seinen Blick von Gerd nahm und überraschend ruhig erklärte:

„Deinen Einsatz für die DDR in allen Ehren. Ich weiß, dass du das ehrlich meinst. In früheren Gesprächen hast du diese Meinung schon mehrfach geäußert. Aber das, was du willst, können wir nicht tun. Die SED-Kreisleitung ist für uns tabu. Wir können nicht unseren Vorgesetzten im Kreis mit seinem Stab ablösen. Damit musst du dich abfinden."

Nach diesen Worten ärgerte sich Gerd über sich selbst. Konnte er nicht seine Klappe halten? Er wusste doch, dass er mit seiner offenen Meinung alleine war, wenn auch der eine oder andere ähnlich dachte, eben nur dachte. Niemand im Kreis, niemand auf Bezirksebene und nicht einmal das MfS wollte, würde und könnte ihm helfen.

Seinen Ärger über sich selbst begründete er auch mit der Vermutung, dass seine offenen Worte auf direktem Weg wieder auf dem Tisch des 1. Sekretärs der SED-Kreisleitung landen würde.

Die Entwicklungsleiter der Elite der SED

Die Tatsachen der Entwicklung der DDR vor Augen, die offenen Worte noch im Gedächtnis, schrieb er folgendes Entwicklungsbild für hervorragende Kader der DDR auf:

In der ehemaligen DDR war die FDJ (Freie Deutsche Jugend) die Kaderschmiede der Partei (SED), im erweiterten Sinn auch für Spitzenpositionen der Staats- und Wirtschaftsführung. Schon in der Grundschule wurden die Jugendlichen bei den Jungen Pionieren (JP), später Thälmann-Pionieren, ausgesucht, die besonders gut nacherzählen konnten, was in der Zeitung stand, was sie von alten Parteiveteranen erfahren hatten oder was sie irgendwie in anderen Medien vom grandiosen Aufbau der DDR und ihren sozialistischen Bruderländern gehört und gesehen hatten. Sich dazu eigene Gedanken zu entwickeln oder gar eine eigene Meinung mit einfließen zu lassen, war nicht erwünscht und hätte der weiteren Entwicklung schaden können, es sei denn, das Gehörte oder Gesehene wurde noch belobhudelt.

Die fachliche Ausbildung dieser Ausgesuchten in der Lehre stand oft hinten an, da in der von der SED gewünschten Entwicklung sowieso im Höchstfall nur statistisch nach einer etwaigen beruflichen Ausbildung gefragt wurde. Die Hauptsache war, die politische Entwicklung im FDJ-Lehrjahr oder sonst irgendwo war glänzend.

Mit dem Abschluss der Lehre mussten sie aber unbedingt gelernt haben, die Nacherzählungen aus Funk und Presse noch rosaroter gefärbt von sich zu geben. Sie konnten dabei dumm rumsitzen, Zigaretten qualmen und so tun, als ob ohne sie sich kein Rädchen drehen würde. Je besser sie das konnten, desto größer waren ihre Aufstiegschancen. Der Weg über Parteisonderlehrgänge zum Erwerb eines Meistertitels oder gar eines Ingenieur, bzw. Diplomingenieurs des Industrieinstitutes (d. I.I. – die Schmalspur), war dann sicher. Oft wurde auch nur mit Handschlag die Qualifikationsstufe vergeben.

Das Parteiorgan „Neues Deutschland" unter den Arm geklemmt, war von nun an das täglich wichtigste Arbeitsinstrument. Und dann begann ihre großartige Karriere, denn sie wussten: Wer nur rumredet und so tut, als ob, der verrichtet keine praktische Arbeit. Wer keine praktische Arbeit verrichtet, kann auch keine Fehler begehen. Wer in seiner täglichen Arbeit aber keine Fehler begeht, ist in Wirklichkeit doch sehr gut. Wer aber sehr gut ist, bekommt Prämien, Orden und Auszeichnungen. Wer Prämien, Orden und Auszeichnungen bekommt, ist eine hoch geachtete Persönlichkeit. Hochgeachtete Persönlichkeiten erhalten in diesem Staat hohe Funktionen in Partei und Wirtschaft, denn sie sind ja wer. Wer hohe Funktionen in Partei und Wirtschaft innehat, dem wird die Macht delegiert. Die Macht war schließlich das Größte! Wer die Macht hat, hat auch das Geld, das schöne Leben und keiner wagt zu fragen, was er wirklich kann, was er je geleistet hat und ob er jemals den Finger für eine nützliche Sache gekrümmt hat. Und den Finger krumm machen, um etwas Nützliches zu leisten und damit gut leben zu können, wollten diese Leute nicht. Sie wollten nur Macht, konnte man doch mit der Macht und einer großen nichts sagenden Klappe mehr erreichen, als mit einem krummen Finger. Denn schließlich waren sie ja angesehene Persönlichkeiten, die Elite von Partei und Staat!

GEHEIME FUNKSTATION

Nachdem Frau Dyck die AWG mit mündlicher Weisung verdonnert hatte, alle Arbeiten, die in der Kreisdienststelle des MfS von den einzelnen Gewerken auszuführen waren, zu übernehmen, suchte der Stabschef der KD des MfS anhand der vorliegenden Kaderunterlagen (Personalunterlagen) die Handwerker aus, die für die jeweils anstehenden Arbeiten einzusetzen waren. Hierzu einige Beispiele:

„Wie arbeitet dieser Fuchs von den Tischlern", war seine Frage, als er die entsprechende Kaderakte wieder zurückbrachte. „Den würden wir gerne haben wollen, auch wenn er parteilos und nicht in der DSF (Deutsch-Sowjetischen-Freundschaft) ist. Das hängt ja mit seinen Kindheitserlebnissen zusammen, bei der Umsiedlung nach dem Krieg. Da brauchen wir keinen weiteren Wert drauf zu legen."

Kollege Fuchs war ein guter, gewissenhafter Fachmann, den man jede Aufgabe bedenkenlos erteilen konnte. Gerd erkundigte sich nach dem Warum.

„Wir müssen die zentrale Funkstation des 1. Sekretärs der SED-Kreisleitung vollständig absichern." Gerd stutzte: „Sag mal, hat denn der außer seiner Richtfunkantenne auf dem Dach der Kreisleitung noch eine Antenne? Muss der sich denn doppelt absichern?"

„Ja, aber das geht niemanden etwas an, und das hat auch niemand zu wissen! In diese Station dürfen nur er und der Funker, der ist von uns, sonst niemand. Deshalb müssen wir umbauen. In den Türrahmen kommt eine Barriere, dass niemand in das Zimmer kann, dahinter muss alles zu sein. Ein stabiler Sichtschutz, keiner darf die Station sehen."

„Und das in der SED-Kreisleitung?"

„Nein, da würde doch die Antenne auffallen. Der Funkraum ist im Wehrkreiskommando im ersten Obergeschoss, hinten rechts. Im Wehrkreiskommando weiß auch niemand, was da in dem Zimmer ist. Nicht einmal der Leiter selbst."

Nach der Wende wurde in der Zeitung viel geschrieben, wie auch bei uns in Bornstett, dass das Gebäude der KD des MfS besetzt wurde, ohne wichtige Unterlagen zu finden. Von der Funkstation im Wehrkreiskommando erfuhr die Bevölkerung kein Wort. Wurde sie versteckt, um sie heimlich weiter zu nutzen?

Dynamo – der Sportclub der Stasi

Der Stabschef hatte erneut Kaderunterlagen abgefordert. Diesmal war das Bauhauptgewerk gefragt. Nach einigen Tagen erschien er wieder mit zwei weiteren Genossen, die Gerd unbekannt waren. Ob die Namen bei der Vorstellung richtig waren, ist nicht bekannt.

„Wir müssen in der Sporthalle des WBK in der Stadt eine massive Wand einziehen lassen, etwa einen halben Meter von der Außenwand der Stirnseite entfernt. Die Bälle knallen sonst zu laut an die Außenwand." Nach einer Pause, er hatte wohl eine Frage erwartet, fuhr er fort: „Das Material wird alles von uns besorgt, wir brauchen nur deine Maurer zum Mauern."

„Warum setzt das WBK diese Mauer nicht, wenn das ihre Halle ist und sie das Material stellen. Wieso wir?", war Gerds Frage.

„Das schon, aber die Halle nutzen nur wir, d. h. Dynamo Zelle, unser Sportclub in Zelle, wo die beiden Genossen herkommen. Außer wir, die wir hier sitzen, braucht niemand zu wissen, was wir in der Halle machen und dass Dynamo unser Sportclub ist. Die Rechnung für die auszuführenden Arbeiten geht an uns direkt, nicht an Dynamo Zelle."

Nun war die Neugier von Gerd wieder groß. „Was habt ihr mit Dynamo Zelle zu tun, die gehören doch zur Feuerwehrschule des Bezirkes und somit zur Volkspolizei. Wenn wir für Dynamo Zelle arbeiten sollen, so können die auch die Rechnung erhalten."

Die drei schauten sich an und lächelten, dann kam die Erklärung. „Das solltest du eigentlich wissen. Jeder Sportclub in der DDR wird von einer bestimmen Industriebranche getragen. Der Sportclub ‚Aktivist' vom Bergbau, wie ‚Aktivist Brieske-Senftenberg' oder ‚Aktivist Schwarze Pumpe', Sportclub ‚Lokomotive', wie ‚Lok Leipzig' von der Deutschen Reichsbahn.

Sportclub ‚Aufbau‘, wie ‚Aufbau Bornstett‘ vom Bauwesen, Sportclub ‚Energie‘ vom Energiewesen, wie ‚Energie Cottbus‘, um nur einige zu nennen. Wir, also das MfS, haben den Sportclub ‚Dynamo‘, wie zum Beispiel ‚Dynamo Berlin‘, ‚Dynamo Dresden‘ und auch ‚Dynamo Zelle‘. Diese Dynamo-Clubs werden von uns finanziert und von unseren Leuten geleitet. Denkst du, Genosse Mielke wäre sonst so auf Dynamo Berlin versessen, wenn das nicht unser Club wäre? Warum gewinnt denn so häufig Dynamo Berlin die Fußballmeisterschaft der DDR? Doch nur, weil wir die Möglichkeit haben, die besten Spieler zu Dynamo zu holen. Die wenigsten Leute wissen, dass wir der Träger von Dynamo sind. Das ist unser Club. Fast alle denken so wie du, dass Dynamo zur Volkspolizei gehört, weil alle unsere Angestellten eine Polizeiuniform tragen. Das sind alles unsere Mitarbeiter, Mitarbeiter des MfS. Nur die Zivilangestellten haben keine Uniformen und die denken auch, dass sie bei der VP beschäftigt sind. Übrigens, das ist in allen sozialistischen Ländern so, denke nur an ‚Dynamo Moskau‘. Schön, nicht?“ Nach einer Weile, als ob er prüfte das noch sagen zu können, fügte er hinzu: „Noch eins. Du weißt, dass wir in Bornstett eine Weltmeisterin auf dem Schwebebalken haben. Dieses Mädel trainiert in unserem Club Dynamo Zelle. Sie und auch ihre Eltern denken, sie trainiert in der Feuerwehrschule und damit bei der VP. Wenn ihre Eltern wüssten, dass wir Dynamo finanzieren und Dynamo unser Club ist, dürfte dieses Mädel nicht mehr trainieren und wir hätten hier in Bornstett keine Weltmeisterin auf dem Schwebebalken.“

DER ZELLENBAU

Wieder arbeiteten Handwerker vom Bauhauptgewerk mehrere Tage im Gebäude des MfS. Das war Gerd zu lange und nicht mit ihm abgestimmt worden. Sein Umbauleiter, von dem die Kaderakte nicht abgefordert wurde, musste vor Ort die Aufsicht übernehmen, so sei es mit ihm abgesprochen worden. Auch das war für Gerd neu und machte ihn stutzig. Was war das für eine Arbeit und wie konnte ein „Nichtgeprüfter" so einfach in das Gebäude des MfS, um dort Bauarbeiten zu leiten? Eigentlich nicht, es sei denn, er war mit dem MfS enger verbunden, als alle wussten, bzw. wissen durften. – Erinnerungen kamen plötzlich hoch. Zweimal hatte der Umbauleiter selbstverschuldet schwere Verkehrsunfälle verursacht. Aber niemals wurde ihm die Fahrerlaubnis entzogen, obwohl es dafür immer vier Stempel gab, verbunden mit Entzug der Fahrerlaubnis, wie überall in der DDR. Sonderrechte und keine Überprüfung, vielleicht noch mehr. Hatte er nicht auch als Einziger der AWG die „M"-Musterung für besondere Einsätze durch das Wehrkreiskommando erhalten? In diesem Zusammenhang erinnerte sich Gerd auch an die Worte, die die Frau seines bisherigen Vertreters übermitteln ließ: „Wenn du den zu deinem Vertreter machst, stößt er dir bei bester Gelegenheit ein Messer in den Rücken!" – Sie kannte den Umbauleiter aus dem früheren Betrieb, wo er ihr Vorgesetzter war. Leider hat Gerd die gut gemeinten Worte nicht beachtet, er hatte auch in der Genossenschaft niemanden, mit dem er sich dazu beraten konnte.

Am dritten Tag der Bauarbeiten beim MfS begehrte Gerd vom Umbauleiter zu erfahren, was da eigentlich gebaut würde. Das MfS-Gebäude war ja ein neuer Plattenbau. Der Umbauleiter druckste mit den Worten, er dürfe nichts sagen. Gerd schoss es durch den Kopf: Dann hat er beim MfS eine Schweigeverpflichtung unterzeichnet, deshalb auch keine Überprüfung. Sein vorheriger Verdacht hatte sich bestätigt.

„Wenn du mir nichts sagen willst, dann werde ich den Stabschef fragen." Gerds Blick konnte der Umbauleiter nicht aushalten. Unruhig flatterten seine Augen hin und her, wie so oft, wenn er konkret angesprochen wurde.

Zaghaft begann er jedoch zu formulieren: „Wir haben in den Kellerräumen ein paar Zwischenmauern eingezogen, um kleinere Räume zu erhalten. Sonst nichts!"

Zellen, schoss es Gerd durch den Kopf, Zellen für kurzfristig festgenommene Bürger! – Der Arrestzellenbau im MfS-Gebäude erfolgte unter Leitung des Umbauleiters und mit Handwerkern der AWG, und er sollte davon nichts wissen.

Gerd schämte sich innerlich und es wurde ihm klar, dass sich eigentlich jede Arbeit für das MfS in irgendeiner Art und Weise gegen bestimmte Bürger der DDR und indirekt auch gegen ihn selbst richtete, allein wegen seiner großen Klappe im Ansprechen von Mängeln, seiner offenen Kritik daran und seinem offenen Widerspruch zu den kreislichen SED-Machthabern.

LÜGEN ZUM FÜNFZIGSTEN

In der ehemaligen DDR war es üblich, die Ehrentage der NVA, der Post, des Handels, des Gesundheitswesen, um nur einige zu nennen, zu feiern. Darüber hinaus wurden auch die runden Geburtstage bestimmter Leiter in Betrieben und Einrichtungen gefeiert. In bestimmten Fällen hatte man den Eindruck, dass diese Feiern, trotz zentraler Untersagung, immer üppiger wurden.

Als der 1. Sekretär der SED-Kreisleitung seinen 50. Geburtstag begann, wurde Gerd Kilian schon ca. vier Wochen vorher durch seinen Parteisekretär informiert, dass die SED-Kreisleitung wünscht, er möchte persönlich die Gratulation der Genossenschaft übermitteln. Auch wenn er den Ersten nicht ausstehen konnte, er musste gratulieren.

Verwundert war er schon, als die üppige Gratulantenschar einen großen Beratungsraum gefüllt hatte und der Erste mit einem vollen Glas direkt auf ihn zusteuerte.

„Mit dir muss ich heute ganz besonders anstoßen. Du musst mein Versprechen einlösen!"

Gerd war überrascht. So hatte dieser Mensch noch nie mit ihm gesprochen. Noch bevor er eine Frage stellen konnte, fuhr der Erste fort: „Heute Morgen habe ich mit dem Mitglied des Politbüros des ZK der SED und dem 1. Sekretär unserer Bezirksleitung einen Spaziergang durch die Neustadt gemacht. Wir haben da auch deinen zusätzlichen Dachgeschoßausbau gesehen, da habe ich dem 1. Bezirkssekretär versprochen, dass wir im nächsten Jahr zusätzlich 20 Dachgeschoßwohnungen ausbauen. Du musst mir die 20 Wohnungen zusätzlich ausbauen. Deshalb stoße ich jetzt mit dir an." Danach verschwand er schnell im Gedränge der Gratulanten.

„Nun hast du den Salat!", meinte ein Betriebsleiter, der alles mit angehört hatte. „Hast du das überhaupt im Plan, noch 20 Dachgeschoßwohnungen auszubauen?"

„Das ist technisch überhaupt nicht möglich. Der Ausbau kann nur in einem WK erfolgen. Drei Wohnungen sind bereits fertig. An einem Giebel konnten wir nicht ausbauen, da kein Treppenaufgang vorhanden ist und 7 Blöcke stehen nur noch zur Verfügung. 14 Wohnungen werden wir ausbauen, mehr ist technisch nicht machbar."

„Du musst dir mal merken, was die Partei sagt, ist Gesetz, auch wenn es noch so unmöglich ist." Der Betriebsleiter grinste dabei bis hinter die Ohren.

Als ob der Erste mitgehört hätte, kam er erneut auf Gerd zu. „Ich muss nochmals mit dir anstoßen, weil du unbedingt mein Versprechen dem 1. Bezirkssekretär gegenüber einhalten musst!" Gerd machte ihn sofort auf die technische Begrenzung der Zahl der auszubauenden Dachgeschoßwohnungen aufmerksam. Aber das störte ihn anscheinend nicht. „Ich sage nochmals, dass ich versprochen habe, 20 zusätzliche Wohnungen in diesem WK als Dachgeschoß auszubauen und du hast das zu erfüllen! Wie du das machst, ist mir egal. Ich werde keine Zahl unter zwanzig dulden. Ich glaube mich deutlich ausgedrückt zu haben." Sichtlich verärgert drehte sich der Erste um und verschwand in der Menge seiner Geburtstagsgäste.

Gerd stellte sein Glas ab, er hatte wieder einmal genug von der verlogenen Prahlerei. Konnte dieser Mensch sich nicht einmal kurz vorher erkundigen, wie viele Wohnungen im Dachgeschoß zusätzlich ausgebaut werden konnten, bevor er großkotzig das Blaue vom Himmel versprach?

Die AWG baute ihre geplanten 14 Dachgeschoßwohnungen zusätzlich aus, die anderen 6 Wohnungen dichtete das Stadtbauamt zusammen, denn der Erste hatte dafür gesorgt, dass die 20 Wohnungen zusätzlich in den Volkswirtschaftsplan der Stadt aufgenommen wurden. Unter diesen 6 fehlenden Wohnungen war beispielsweise auch nur ein Zimmerausbau im Haus eines Dorfbäckers, der das Zimmer für seine Tochter benötigte.

Gerd Kilian erntete wieder einmal heftige Kritik, besonders von der Wirtschaftsabteilung der SED-Kreisleitung, weil er die ihm übertragene Verpflichtung des Ersten vorsätzlich nicht erfüllt hatte.

„Warum hast du denn dem Kotsack, das war der Name des Ersten, nicht einfach die 20 Wohnungen als erfüllt gemeldet? Wir hätten dich nicht verraten. So mussten wir etwas zusammen zaubern", wollte am Jahresende ein Mitarbeiter des Stadtbauamtes wissen.

„Das ist doch ganz einfach. Erstens werde ich mich nicht auf das verlogene Niveau dieses Menschen stellen und zweitens wird in der DDR schon genug gelogen und betrogen, speziell was die Planerfüllung betrifft. Diese Praktik mache ich nicht mit. Wo diese verlogene Schönfärberei hinführt, kannst du doch selbst täglich an den Wohngebäuden und in den Geschäften sehen. Du kennst den Witz: 96 Prozent Planerfüllung hat der Betrieb, 100,2 Prozent meldet der Kreis zum Bezirk. Da denen das auch zu niedrig ist, melden sie 104,2 Prozent nach Berlin, die 106,2 Prozent an Honecker und der entscheidet: 6,2 Prozent gehen in den Export und die verbleibenden 100 Prozent sind für die Bevölkerung! – Du kannst doch von mir nicht erwarten, dass ich so etwas mitmache."

DER SPEZIALIST

Nach dem Abitur stand für den Sohn von Gerd Kilian die Zeit der NVA vor der Tür. Das Wehrkreiskommando hatte ihn für 3 Jahre Armeedienst an der Grenze, oder 3 Jahre Objektbewachung in Berlin vorgesehen, da er keine Westverwandtschaft hatte und schon allein aus diesem Grund dafür geeignet schien. Da aber an der Grenze der DDR scharf geschossen wurde und er seinen Sohn dieser Gefahr nicht aussetzen wollte, plädierte er für Berlin, obwohl die Objektbewachung dem MfS unterstand. Das Schicksal meinte es dieses Mal gut, sein Sohn konnte seinen Dienst vorwiegend in der Reinigungsbrigade im Regierungskrankenhaus verrichten.

Als eines Tages Gerd Kilian von der Arbeit nach Hause kam, empfing ihn sein Sohn ziemlich aufgeregt: „Kannst du dir vorstellen, Vati, da ruft etwa alle zwei Stunden ein Mann von der Post an und behauptet, dort würde ein Paket von einer Tante aus dem Westen liegen, ich sollte es sofort abholen. Ich bin bisher nicht zur Post gegangen, ich kenne keine Tante aus dem Westen. Was soll ich machen?"

„Sollte noch ein Anruf dieser Art kommen, lege den Telefonhörer einfach auf. Wenn es dir danach ist, darfst du auch vorher ein deftiges Schimpfwort als Antwort geben, die haben es nicht anders verdient", sagte Gerd ärgerlich. „Solche Anrufe können nur vom MfS kommen, die dich und uns testen und provozieren wollen. Ich rufe morgen Früh die hiesige Dienststelle an und kläre das."

Gleich zu Arbeitsbeginn erwischte Gerd den stellvertretenden Leiter der Dienststelle und trug ihm die Problematik vor, abschließend mit den Worten: „Sag mal, was soll eigentlich dieser Scheiß! Ihr macht doch damit vieles kaputt und stoßt die jungen Menschen vor den Kopf. Ich erwarte von dir, dass solche Anrufe ab sofort bei uns nicht mehr ankommen!"

Von stund an gab es keine diesbezüglichen Anrufe mehr.

Auf Gerds Frage: „Spricht vor der Einberufung von euch noch jemand mit meinem Sohn?", bekam er vom Stabschef die Antwort: „Von uns darf niemand mit deinem Sohn sprechen. Dafür haben wir einen Spezialisten in unserer Bezirksstelle. Der ist Diplomjurist, ein junger Mann und doch schon einige Zeit bei uns, wie auch seine Frau. Nur der darf die nötigen Gespräche führen, er wird sich melden."

Einige Zeit später wollte der Stabschef plötzlich wissen: „Warum will denn dein Sohn unbedingt in Berlin studieren? Kannst du ihn nicht überzeugen, sein Studium in Greifswald aufzunehmen? Wir würden ihn gerne sofort nach seiner 3-jährigen Dienstzeit übernehmen und er könnte in Greifswald sofort als Unterleutnant mit vollem Sold sein Studium aufnehmen. Unser Spezialist kennt sich da gut aus. An der Humboldt-Uni in Berlin haben wir nicht die nötigen Beziehungen um so etwas zu machen. Das geht eben nur in Greifswald und dort machen das mehrere. Wie gesagt, unser Spezialist kennt sich da gut aus. Später könnte dein Sohn normal in seinem Beruf arbeiten."

„Und wäre dann immer bei euch zusätzlich angestellt", fügte Gerd hinzu. „Aber daraus wird sicher nichts werden. Zwei wesentliche Gründe sprechen dagegen: Erstens ist mein Sohn über 18 Jahre und entscheidet somit selbstständig über sich und sein Leben. Ich werde ihn also nicht überreden. Zweitens studiert seine Freundin in Berlin und das ist auch ein nicht zu verachtender Grund."

„Die kann doch auch mit nach Greifswald, das können wir doch klären, bei unserem Spezialisten war das doch auch so", warf der Stabschef ein.

„Selbst dann stünde Punkt eins und zwar für beide! – Ich werde also nicht mit meinem Sohn darüber sprechen", betonte Gerd nochmals.

Der Stabschef schien sichtlich verärgert. Hatte er doch direkt aus der Schule geplaudert und sicher auf Erfolg gehofft, aber diesmal vergebens.

Das MfS gab aber noch nicht auf. Gerds Sohn hatte sein Studium an der Humboldt-Uni in Berlin erfolgreich abgeschlossen. Eines Tages klingelte es an seiner Wohnungstür. Es war der so genannte Spezialist des MfS, der zu Beginn seiner 3-jährigen Armeezeit mit ihm gesprochen hatte. Dieses Mal versuchte er Gerds Sohn direkt zur Bespitzelung von Arbeitskollegen zu gewinnen. Aber auch dieser letzte Versuch schlug absolut fehl.

DAS WEISSE BÄNDCHEN

„Ich muss mit dir sprechen", meldete sich der Stabschef am Telefon.

„Na, was gibt es denn so dringend", wollte Gerd nach der Begrüßung wissen.

„Hast du einen Antrag auf Ausreise in die BRD gestellt?", war die direkte und scharf formulierte Frage.

„Nein! – Wie kommst du auf diese absurde Frage?"

„Und warum fährst du dann mit einer weißen Schleife an der Antenne deines Autos herum? Du bist so gesehen worden!"

Gerd lächelte. „Das ist ganz einfach zu erklären. Mein Sohn hat vergangene Woche geheiratet. Alle Hochzeitsgäste hatten da ihr Fahrzeug mit einer weißen Schleife geschmückt. Ich hatte noch zusätzlich einen Rosenstrauß auf der Motorhaube, so, wie das eben üblich ist, wenn man das Brautpaar fährt. Hat man dir das auch berichtet? Was ist denn daran falsch? Den Rosenstrauß haben wir mit zur Feier genommen und die Schleife ist noch am Auto geblieben. Ich habe es so heute aus der Garage geholt, ohne auf die Schleife zu achten. Das ist doch kein Beinbruch, oder gibt es jetzt Gesetze, die das verbieten und mir nicht bekannt sind?"

„Das ist schon mehr als ein Beinbruch", versuchte der Stabschef nun zu erklären. „Wusstest du nicht, dass die weiße Schleife an der Autoantenne das geheime Kennzeichen der Antragsteller auf Ausreise in die BRD ist?"

Nein, woher sollte Gerd das auch wissen. Ihn hatte das bisher nicht interessiert, er hatte sich auch damit nicht befasst, da in der AWG bisher keine Antragsteller auf Ausreise bekannt waren.

„Nein, du weißt das nicht?" Die Stimme des Stabschefs war energisch geworden. „Dann weißt du es eben jetzt. Alle die, die einen Antrag auf Ausreise gestellt haben, fahren als Zeichen dafür mit einer weißen Schleife durch die Stadt. So kommunizieren sie untereinander. So haben sie sich auch untereinander ausgemacht, dass sie sich jeden Dienstag um 6 Uhr abends auf der gegenüberliegenden Straßenseite vom Ausgang des Rates des Kreises treffen, um still zu protestieren und auf sich aufmerksam zu machen. Da sie zu den Sprechstunden beim Kreis nicht erwünscht sind, machen die das eben auf diese Art so lange, bis ihr Ausreiseantrag bearbeitet wird. Alle Leute sollen so sehen, wie viel Antragsteller es gibt und wie schleppend ihre Anträge bearbeitet werden. Wenn du mit so einer weißen Schleife durch die Gegend fährst, kannst du dich auch gleich dienstags mit vor den Rat des Kreises stellen. Da wirst du dann schon sehen, was passiert."

Gerd war über die provokative Frechheit erschüttert. „Das könnte dir so passen, mich bewusst ins offene Messer laufen zu lassen. Für wie dämlich hältst du mich eigentlich? Mein Auto steht unten auf unserem Parkplatz. Damit du dich persönlich von meiner Unschuld überzeugen kannst, gehen wir beide jetzt zum Auto und ich entferne dort die Hochzeitsschleife. Dein Informant wird dann auch wieder ruhiger schlafen können."

DIE ANTRAGSTELLER

Nach dem Gespräch über die Antragsteller auf Ausreise aus der DDR waren kaum ein paar Wochen vergangen, als Gerd Kilian ein Anruf von der Abteilung Inneres vom Rat des Kreises gemeldet wurde. Es wurde berichtet, dass nun auch von den Beschäftigten der AWG drei Antragsteller registriert seien. Die Namen wurden angesagt mit dem Hinweis, dass noch nichts entschieden sei. In diesem Anruf erfuhr er auch, dass der zugewiesene Ex-Fußballspieler aus Magdeburg einen Antrag gestellt habe. Auf diese Person sollte besonderes Augenmerk gelegt werden.

Zugewiesene Arbeitskräfte waren Bürger, die keiner regelmäßigen Arbeit nachgingen, ihren vorherigen Arbeitsplatz wegen Pflichtverletzung nach dem Arbeitsgesetzbuch (AGB), Alkoholmissbrauch, Fehlschichten u. a. m. verloren hatten und Haftentlassene. Da viele Betriebe solche Mitarbeiter nicht haben wollten, sie mussten sich ja verstärkt mit ihnen beschäftigen und sich mit ihren Fehlverhalten auseinandersetzen, jeder Bürger der DDR aber ein Recht auf Arbeit hatte, wurden solche Leute durch den Rat des Kreises den Bertieben, oft ohne jegliche Rücksprache, zugewiesen. Der Betrieb musste sie einstellen und für entsprechende Arbeit sorgen, auch wenn manch einer kurze Zeit später wieder fristlos entlassen wurde. Er wurde dann einem anderen Betrieb einfach wieder zugewiesen.

Am Ende des Telefonats mit der Abteilung Inneres wurde Gerd Kilian aufgefordert, strikt nach der „Information mit dem Umgang mit Antragstellern" zu verfahren. Diese Information hatte es in sich.

Der Parteisekretär der AWG kam aufgeregt zu Gerd und berichtete, dass es auch bei den Beschäftigten der AWG Antragsteller gäbe und unbedingt Maßnahmen einzuleiten seien, was auch immer das heißen sollte.

Gerd sah das gelassener. Er sprach mit den Antragstellern, die ihm bestätigten, dass sich an ihrer bisherigen Arbeit in der Genossenschaft nichts ändern würde. Das war für ihn wichtig, warum sollte er schwere Geschütze auffahren, was man von ihm gefordert hatte. Die Antragstellung war für ihn reine Privatsache mit der er nichts zu tun hatte. Die Gründe konnte er teilweise nachvollziehen.

Doch die SED-Kreisleitung sah das anders. Der 1. Sekretär lud alle Betriebsleiter des kreislichen Bauwesens mit ihren Parteisekretären zu einer diesbezüglichen Problemberatung ein. Jeder Betriebsleiter oder Direktor berichtete, wie intensiv mit den Antragstellern gearbeitet wurde. Selbst von Umsetzungen auf andere, schlechter bezahlte Arbeitsplätze war die Rede. Die Antragsteller bekamen ohne ihr Wissen persönliche Betreuer, die dem Parteisekretär alles über diese Personen zu berichten hatten.

Gerd Kilian konnte nur wahrheitsgemäß berichten, dass sich die Antragsteller der Genossenschaft ruhig und sachlich, wie immer, verhalten und ihre Arbeitsaufgaben ohne Beanstandung erfüllen.

Auf solch eine Aussage schien der 1. Sekretär nur gewartet zu haben. Er wetterte los, was das Zeug hielt. Alle Betriebsleiter würden vorbildlich mit den Antragstellern arbeiten, über Umsetzungen, Lohn- und Gehaltskürzungen und fristlose Entlassungen. Nur die AWG nicht! Im Gegenteil! – Gerd Kilian würde diese Leute nach wie vor zur Reparaturdurchführung zu den Mietern in die Wohnungen schicken, damit die dort ihre Antragstellung offenbaren und Westpropaganda verbreiten könnten. Das sei unverantwortlich, eines Leiters und Genossen unwürdig. Mit seiner laschen Handlungsweise diesen Leuten gegenüber, würde er direkt dem Klassenfeind in der BRD in die Arme arbeiten. Eigentlich müsste das für ihn Konsequenzen haben. Eine unbekannte Person mit einer großen Warze auf der Nase, die neben dem Ersten saß, schlug in die gleiche Kerbe.

Gerd kochte innerlich, sah aber trotzdem keine Veranlassung, sich seinen Antragstellern gegenüber anders zu verhalten. Die Affen hatten nun einmal die Macht, und er musste sich eben so manches gefallen lassen, ohne auch mit irgendjemanden darüber sprechen zu können.

Einen Tag nach dieser unschönen Beratung, erschien der Stabschef wieder in der Genossenschaft.

„Du bist gestern wieder öffentlich kritisiert worden, wegen deiner laschen Art mit den Antragstellern umzugehen?", wollte er gleich zu Beginn des Gespräches wissen.

Gerd bestätigte es und fügte hinzu, dass auch ein Mann mit einer Warze auf der Nase, der nicht vorgestellt wurde, heftig Kritik übte, ohne die Arbeit in der AWG zu kennen. „Der scheint zu dem Kotzack voll zu passen", waren seine abschließenden Worte, und er fügte verbittert hinzu: „Mit solchen nutzlosen Leuten kann die DDR keinen Pfifferling gewinnen!"

„Der Mann mit der Warze auf der Nase", sagte etwas verlegen lächelnd der Stabschef, „ist unser neuer stellvertretender Leiter der Dienststelle. Du wirst akzeptieren müssen, was er sagt."

„Egal wer er ist. Ich vertrete die Meinung, bevor man mit einem Knüppel zuschlägt, sollte man sich erkundigen, gegen wen der Schlag geführt wird und nicht hinterher schauen, wen man getroffen hat. Euer Mann scheint noch viel lernen zu müssen. Sag ihm das! Dein Leiter und du, ihr könnt gerne zu einem Kaffee und Weinbrand bei mir vorbeikommen, das wisst ihr. Da können wir auch über alles Mögliche sprechen. Den Mann mit der Warze auf der Nase möchte ich nicht bewirten müssen."

Beide schwiegen. Gerd dachte über das nach, was er deutlich gesagt hatte, der Stabschef über das Gehörte und versuchte es entsprechend einzuordnen.

„Du trägst dein Herz wieder einmal auf der Zunge. Du könntest nie eine konspirative Arbeit ausführen. Du bist zu ehrlich und zu offen, auch wenn du dich dabei immer für die

DDR einsetzt. Eins muss ich dir aber noch sagen. Euer Verantwortlicher für den Heizungsbau ist mit dem zugewiesenen Ex-Fußballspieler eng befreundet. Die hängen nach Feierabend oft zusammen", meinte der Stabschef nach einer Weile. „Beobachte das einmal."

Aber beide erledigen ihre Arbeitsaufgaben ohne Beanstandung. „Der Zugewiesene zwar nicht immer, aber immerhin", war Gerds Antwort. Im Stillen fügte er hinzu: „Ihr könnt mich mal, ich habe anderes zu tun."

Nach etwa einer Woche erschienen der Leiter und der Stabschef wieder einmal in Gerds Zimmer.

„Wir waren gerade in der SED-Kreisleitung und wollten einmal schauen, wie es so in der AWG geht. Was machen die Antragsteller?", wollte der Leiter wissen.

„Was soll ich sagen?", begann Gerd. „In der täglichen Arbeit gibt es nichts zu beanstanden. Aber das hat dir ja dein Stabschef sicherlich warm berichtet. Von der Abteilung Inneres des Kreises gibt es auch keine neuen Hinweise. Was du vorige Woche angesprochen hast", richtete Gerd sich an den Stabschef, „weder vom Heizungsverantwortlichen noch vom Zugewiesenen gibt es etwas Negatives zu berichten. Ob die sich außerhalb der Arbeit getroffen haben, ist mir nicht bekannt."

„Und ob die sich getroffen haben", platzte der Leiter los. „Sollen wir dir sagen, wie die privat verkehren?"

Gerd wusste wirklich nichts, es interessierte ihn auch nicht. Für ihn war das alles eine Privatsache und hatte mit der Arbeit nichts zu tun, und nur dafür fühlte er sich verantwortlich.

Obwohl der Stabschef abwinkte, fuhr der Leiter fort: „Wir können es dir ja sagen. Am vergangenen Sonnabend saß der Heizungsverantwortliche am Frühstückstisch beim Zugewiesenen. Dessen Frau saß auch mit am Tisch. Soll ich dir auch sagen, was sie gefrühstückt haben? Auf dem Tisch standen neben den frischen Brötchen, Butter, Marmelade, Käse und Honig. Aber über was die da gesprochen haben, werde ich dir nicht sagen. Das geht nur uns was an! – Und du sagst, die haben sich ruhig verhalten. Was ist das von dir für eine Aussage? Was muss denn noch passieren, bevor du aufwachst! – Du als sozialistischer Leiter bist 24 Stunden am Tag für deine Leute verantwortlich. Das verlangen wir von einem sozialistischen Leiter! Und du sagst, die verhalten sich ruhig!"

Gerd war erschrocken. Was erwarten die von einem Leiter. Soll er für alle 196 Beschäftigten auch in deren Privatsphäre verantwortlich sein? Die müssen doch nicht richtig ticken. Und wie machen die das, dass sie wissen, was auf dem Tisch stand? Wie belauschen die jedes Wort, das privat in einer Wohnung gesprochen wird? Bei der Wohnung des Zugewiesenen handelte es sich um eine staatliche (kommunale) Wohnung. Ein deutlicher Beweis dafür, dass die Stasi auch dort die Finger in den Wohnungen hatte, optisch und akustisch! Vielleicht verschafften sie sich auch in Abwesenheit der Wohnungsinhaber heimlich Zutritt zu den Wohnungen, um dort ihre Abhörgeräte zu installieren. Erst nach der Wende erfuhr er, dass die Stasi in der Lage war, ganze Wände eines Zimmers oder einer Wohnung als Abhörorgan zu gestalten.

Wegen den Vorwürfen, er würde sich zu lasch Antragstellern und ihren Bekannten gegenüber verhalten, machte er sich keine weiteren Gedanken und ließ sich keine grauen Haare wachsen. Er fühlte sich nur während der Arbeitszeit für seine Mitarbeiter verantwortlich, denn das war sein genossenschaftlicher Auftrag. Das leidliche Problem mit den beiden Beschäftigten hatte sich etwa drei Wochen später für ihn gelöst, da dem Zugewiesenen seine Antragstellung auf Ausreise bewilligt wurde. Die beiden anderen Antragsteller erhielten später auch ihre Ausreisegenehmigung. Einer der Antragsteller bestellte über einen ehemaligen Arbeitskollegen Gerd viele Grüße und richtete ihm aus, dass sie auf dem Bau schwerer und härter arbeiten müssten, als in Bornstett. Dafür würde der Westchef auch nach getaner Überstundenarbeit schon einmal einen Kasten Bier springen lassen.

DER LIEDERMACHER

In der DDR war es üblich, bestimmte Leiter von Betrieben und Einrichtungen, besonders solche, von denen man sich Einfluss auf die DDR-Bevölkerung erhoffte, in alle möglichen Gremien und Organisationen zu wählen. Dazu wurden durch die SED-Kreisleitung oder deren Beauftragten, diese Leiter einfach bestimmt, meist ohne sie vorher zu fragen, ob sie es auch wollten. Sie erfuhren so eine Entscheidung oft nur durch ihren Parteisekretär. Sich dagegen zu wehren, ohne selbst Schaden zu nehmen, war zwecklos. Bei Wahlfunktionen wurde pro forma ein so genannter Delegierungs- oder Kandidatenvorschlag von der jeweiligen Grundorganisation der SED im Betrieb des Leiters auf Vorschlag des Parteisekretärs herbeigeführt. Andere Vorschläge wurden erst gar nicht zugelassen.

Auf diese Art und Weise fand sich Gerd Kilian auch in der SED-Ortsleitung der Stadt wieder. Dort hielt er es so, wie auch andere, nahm mit einer ernsten Miene an den Beratungen teil, und wartete geduldig, bis der Sekretär der Ortsleitung sein Programm abgearbeitet hatte. Er äußerte sich nur, wenn er persönlich angesprochen wurde, oder der Beratungspunkt die Genossenschaft betraf.

Am Ende einer solchen Ortsleitungssitzung erklärte der Ortssekretär, er habe noch eine persönliche Bitte des 1. Sekretärs, Genosse Kotzack, vorzutragen. Von den Leitern der Betriebe und Einrichtungen erwarte er unbedingt dessen Erfüllung.

Nach Aussagen des Ortssekretärs sei Genosse Kotzack über den in Bornstett und Umgebung bekannten Liedermacher Brettschneider sehr empört. Wenn er auch im Tagebau ein guter Baggerfahrer sei, so hätte Brettschneider nicht das Recht, mit seinen selbst gedichteten und gesungenen Liedern unser sozialistisches Bornstett mit seinen großen Errungenschaften und besonders die Frauen, die dort wohnen und eine hervorragende Arbeit leisten, in den Dreck zu ziehen. Brettschneider würde in seinem letzten Lied von der grauen Stadt im Kohlerevier sprechen, in der die Frauen abends nur fremdgehen können, weil ihre Männer im Tagebau Nachtschicht fahren müssten. So etwas hätte nichts mit sozialistischer Kultur in einem sozialistischen Staat, wie die DDR, zu tun.

Die meisten SED-Ortsleitungsmitglieder kannten Brettschneider zwar dem Namen nach, nicht aber die Lieder, die er sang und erst recht nicht den von Kotzack angesprochenen Text. Der Ortssekretär merkte schnell das Unverständnis der Anwesenden und fuhr in seinen Ausführungen fort. „Weil Genosse Kotzack annahm, dass der Liedertext euch nicht bekannt ist, hat er im Sekretariat den Text vervielfältigen lassen, den ich euch jetzt übergeben werde." Dabei begann er einen grauen Ormigabzug zu verteilen. „Lest es euch richtig durch, was der Brettschneider da über die Frauen unserer Stadt losgelassen hat. Dass man das nicht dulden kann, müsst ihr doch auch einsehen. – Genosse Kotzack will deshalb gegen Brettschneider vorgehen. Dazu braucht er eure Hilfe. Die Genossinnen unserer Ortsleitung sollen in einem Schreiben ihre Empörung zur Arbeit von Brettschneider und diesem speziellen Liedtext zum Ausdruck bringen und sich scharf von dem Text distanzieren. Die anderen Ortsleitungsmitglieder haben in ihren Betrieben Frauen auszusuchen, die ebenfalls ein solches Schreiben verfassen und ihre Empörung zum Ausdruck bringen. Genosse Kotzack erwartet von mir bis zur nächsten Ortsleitungssitzung eure entsprechenden Schreiben. Die Empörung der Frauen aus den Betrieben und Einrichtungen unserer Stadt, die in den geforderten Schreiben zum Ausdruck kommen, werden die Grundlage für das Vorgehen des Genossen Kotzack gegen Brettschneider bilden. Ich erwarte eure Stellungnahme bis zur nächsten Sitzung. Gibt's noch Fragen?" Schweigen im Raum. – Auf dem Heimweg meinte der Direktor der Gebäudewirtschaft beiläufig: „Wer wird wohl der

Nächste sein, auf den Kotzack es abgesehen hat? Vielleicht sind wir es, da müssen wir uns warm anziehen!"

Zur nächsten Geschäftsleitungssitzung der AWG stellte Gerd Kilian das Ansinnen von Kotzack in den Raum. Es herrschte Betroffenheit, nicht zum Text des Liedes und Brettschneider selbst, sondern wegen der Art und Weise des Vorgehens von Kotzack, der andere Menschen suchte und sie aufforderte, für ihn die erforderliche Drecksarbeit zu leisten. Selbst ist er zu feige etwas zu unternehmen, sich aber unschuldig hinstellen und sagen, ich musste ja etwas unternehmen, weil die anderen es so wollten, das war seine Masche. So kannte ihn Gerd und so hatte er ihn erlebt.

Die beiden Abteilungsleiterinnen der Genossenschaft lehnten es ab, eine solche Schmähschrift zu verfassen. Der Umbauleiter äußerte sich als Einziger negativ zur Person Brettschneiders, der in einem genossenschaftlichen Reihenhaus in Klangenau wohnte.

Gerd hatte den Liedtext schon zur Seite gelegt und die Angelegenheit als nicht erfüllbar abgetan, als sich Frau Kröter, eine kleine, zierliche Person mit runder Nickelbrille unter ihrem strohgelben Haar, die sich Justitiarin nannte, ohne Abschluss und nur mäßigen Rechtskenntnissen, zu Wort meldete und sinngemäß erklärte: „Ich schreibe die Stellungnahme, ich kann den Brettschneider sowieso nicht leiden!" Sie übergab vor der nächsten Ortsleitungssitzung Gerd Kilian einen dicken verschlossenen Brief zur Mitnahme für Kotzack mit den Worten: „Nun möchtest du gerne wissen, was da drin steht, aber der Brief ist zugeklebt."

Der Liedermacher Brettschneider musste sich als Mitglied der SED kurze Zeit später in einem Parteiverfahren verantworten. Er wurde als Strafe für seine Lieder als Mitglied der SED ausgeschlossen. In diesem Parteiverfahren hat der 1. Sekretär der SED-Kreisleitung die von Mielke 1976 herausgegebene Direktive zur Anwendung gebracht, Genossen, denen man politisch und fachlich nichts anhaben kann, mit Hilfe von Dritten so zu diskreditieren, dass die Partei einen Grund zum Einschreiten hat. Leider war das in diesem Fall auch mit Hilfe eines Denunzierungsschreibens einer AWG-Mitarbeiterin möglich.

DIE FRIEDENSKIRCHE

Es war eine SED Ortsleitungssitzung, aus der Gerd Kilian die Information mitbrachte, dass sich mehrere Jugendliche, meist wöchentlich zu bestimmten Zeiten, in der Friedenskirche in der Neustadt von Bornstett trafen. Dort würden sie unter Anleitung eines jungen Pfarrers nicht nur christliche Lieder singen und die Bibel lesen, sondern teils konspirativ gegen die DDR arbeiten. Bei den Jugendlichen seien auch Antragsteller dabei, leider könne man ihnen nicht beikommen, so der Ortssekretär.

Gerd konfrontierte beim nächsten Besuch in der AWG den Stabschef mit diesem Problem. Sonst war immer die erste Frage: Was gibt es Neues in der AWG? Diesmal wurde ihm die erste Frage gestellt.

„Mit der neuen Friedenskirche in der Neustadt scheint ihr ja große Probleme zu haben, wie man hört. Dort scheint euch doch einiges aus den Fingern gelaufen zu sein. Ist das bei der katholischen oder evangelischen Kirche so? Was ist das in der Neustadt eigentlich für eine Kirche, eine katholische oder evangelische?"

„Du scheinst doch überhaupt nichts von unserer Politik und unserem Umgang mit der Kirche zu verstehen. Für uns ist die Kirche ein wichtiges Instrument in der Arbeit mit einem Großteil unserer Bevölkerung. Dort, wo die Kirche gut funktioniert, haben wir wenige Probleme mit den Bürgern. Wir müssen unseren Schwerpunkt also darauf legen, dass dies gut funktioniert."

„Gibt es denn dabei große Unterschiede zwischen den beiden großen Kirchen und mit wem habt ihr dabei die größten Probleme?", forschte Gerd nach.

„Die Katholiken sind straff organisiert, da ist die Linie von oben nach unten klar. Da gibt es auch wenige Probleme, weil in der oberen Ebene schon eine klare Linie gefahren wird, die sich konsequent nach unten durchsetzt. Bei der evangelischen Kirche ist es anders. Da müssen wir auf allen Ebenen mit den jeweiligen Oberhäuptern einen guten Kontakt halten und klar Schiff machen. Wir wissen aber auch nicht immer, ob es dann so läuft, wie wir es haben wollen. In der DDR gibt es dann noch einige Sekten, bei denen die Zeugen Jehovas am auffälligsten sind."

„Die Sekte ist mir bekannt", warf Gerd ein, „die wollten mich auch schon zweimal überzeugen. Ich kannte in meinem früheren Betrieb einige Arbeitskollegen, die Zeugen Jehovas waren. Wenn ich auch nichts von der Kirche und vor allem nichts von Sekten halte, so muss ich aber sagen, dass die Zeugen Jehovas ebenfalls gut organisiert sind. Arbeitsmäßig gab es absolut bei diesen Leuten keine Beanstandung. Sie waren höflich und zuvorkommend. Allerdings hatten sie bei unseren Wahlen immer schon gewählt. Sie blieben grundsätzlich der Wahl fern. – Wieso ich nichts von der Kirche halte? Ich dachte, du kennst meinen Standpunkt, sonst weißt du von mir doch auch alles. Ich habe nichts gegen ehrliche, gläubige Menschen. Wenn sie in ihrem Glauben Trost finden, ist das für mich in Ordnung. Aber es sollte jeder wissen, was der Klerus aus dem und mit dem Glauben gemacht hat. Dem Klerus ging es nur um die Macht, früher und auch noch heute. Sie scheuten dabei weder vor Kriegen, noch vor der Vernichtung wertvoller historischer Schriftstücke und Artefakte. Nichts, was ihrem Machtbegehren entgegenstand, blieb unbehelligt. So ist das auch noch heute!

Was wir im Parteilehrjahr und früher in der Schule gelehrt bekamen, dass es nur Eroberungs- und Befreiungskriege gibt, ist nach meiner Meinung nur die halbe Wahrheit. Für mich sind fast alle Kriege Religionskriege, Kriege gegen anders Denkende. Der Gott Jahve hat dafür den Grund gelegt, indem er anordnete: ,Du sollst nicht andere Götter haben, neben mir.' Als Moses vom Berg herabstieg, wo ihm die 10 Gebote übergeben wurden, wurden die, die inzwischen das goldene Kalb geschaffen hatten und es anbeteten, niedergemacht. Denk vorher an die Vertreibung der Juden aus Ägypten, oder an die späteren Kreuzzüge, die Kriege der katholischen Kirche gegen Ungläubige und Protestanten, den 30-jährigen Krieg. So kann ich das weiter aufführen, bis in die heutigen Tage. Meiner Meinung nach wird der Religionsstreit in der Welt uns allen noch zu schaffen machen."

Der Stabschef stutzte und schluckte sichtlich über diese Worte, sagte aber nichts dazu.

„Du kannst selbst nachlesen, was zum Beispiel alles unter der Herrschaft des römischen Kaisers Constantin bezüglich der Kirche und deren Machtstreben geschehen ist. Lies nicht nur das ‚Neue Deutschland', sondern auch einmal Geschichtsbücher." Das hatte gesessen, Gerd wunderte sich selbst über sich. Nach einer Weile stellte er die Frage: „Was ist das nun in der Neustadtkirche für eine Geschichte, die in der SED-Ortleitung bekannt gegeben wurde. Wir sind ganz von diesem Thema abgekommen.

„Die Friedenskirche in der Neustadt ist eine evangelische Kirche. Ja, es stimmt, dass wir die Aktivitäten, die besonders von einem jungen Pfarrer ausgehen, nicht im Griff haben. Wir bemühen uns schon eine geraume Zeit, dieses Problem zu lösen, bisher allerdings vergebens."

„Wenn in der Neustadt eine evangelische Kirche ist und ihr dort keinen Einfluss habt, warum versucht ihr es nicht über den Kirchenoberen in unserer Stadt zu klären, dem müsste doch die Neustadtkirche zugeordnet sein."

Bei dieser Bemerkung schien der Stabschef ziemlich erregt zu sein, seine Erwiderung war entsprechend: „Den Mann lässt du aus dem Spiel! Über den zerreißt du dir dein Maul nicht! Der ist in Ordnung."

Das war ein harter Schlag zurück und Gerd wusste, dass er jetzt nicht weiter fragen durfte.

Einige Monate waren vergangen, als Gerd bei einem Gespräch nebenbei bemerkte: „Von den Aktivitäten der Neustadtkirche hört man ja nichts mehr, habt ihr das jetzt im Griff?"
„Ja, mit einer Frauengeschichte wurde das Problem gelöst", war die lakonische Antwort.

DAS GEHEIMNIS UM KOTZACK

Parallel zum SED-Parteilehrjahr in Betrieben und Einrichtungen, das für alle Mitglieder der SED von Oktober bis Mai
eine monatliche Pflichtveranstaltung war, wurde für Führungs-
und Leitungskader dieser Institutionen von der SED-Kreisleitung in ihrem Saal ein „Zyklus für Leitungskader" durchgeführt. Gerd Kilian hatte dadurch das Glück, kein Parteilehrjahr besuchen zu müssen, dafür war der Zyklus eine
absolute Pflichtveranstaltung.

Beim Einlass wurde peinlichst kontrolliert, dass keiner unentschuldigt fehlte, wobei die Entschuldigungsgründe sehr
eingeschränkt waren. Wer unentschuldigt fehlte, wurde öffentlich genannt und der entsprechende Parteisekretär musste dies im Betrieb auswerten. Die Referenten kamen von SED-
Parteischulen, andere waren durch die Presse oder Funk und
Fernsehen bekannt. Die Veranstaltungen hatten nur ein Ziel,
mit belanglosen, hochgeputschten Scheinerfolgen die Anwesenden optimistisch so aufzutanken, dass sie den ständigen
Aufschwung der DDR, organisiert durch die SED, immer im
Auge hatten und dadurch anstehende eigene Probleme in ihren Betrieben und Einrichtungen und im täglichen Leben als
unwichtig erscheinen ließen.

Die Reaktion der Anwesenden war unterschiedlich. Uniformträger und die dazugehörenden in Zivil, folgten aufmerksam
den Vorträgen, sowie einige aus den örtlichen Verwaltungen.
Es gab aber auch Zuhörer, die betriebliche Unterlagen durch-
arbeiteten oder mit halbgeschlossenen Augen den Vortrag über
sich ergehen ließen.

Bei einer solchen Veranstaltung referierte der Abteilungsleiter der „Aktuellen Kamera" des Deutschen Fernsehfunks Berlin zu den großen Erfolgen seiner Mitarbeiter anhand von
einzelnen aneinander gereihten Episoden, als Gerd in einer

Pause vom Dienststellenleiter des MfS angesprochen wurde: „Du Gerd, sag mal, können wir nicht um die Straßenecke in dein Büro gehen und uns ein bisschen vernünftig unterhalten, der da vorne bringt ja wieder einen so banalen Quatsch, den man sich doch nicht anhören kann. Geht es dir nicht auch so? Ich verstehe nicht, wie ein Großteil der Leiter darüber noch Beifall klatschen kann. Findest du das nicht auch so?"

„Ehrlich gesagt", nahm Gerd das Gespräch auf, „ich habe das gar nicht so bemerkt. Ich hatte dringend einige Unterlagen durchzuarbeiten. Was der da vorne alles gesagt hat, ist mir dadurch entgangen. Selbstverständlich können wir jederzeit zu mir ins Büro gehen, den Rest meiner Unterlagen arbeite ich zu Hause durch. Das ist für mich kein Problem. Aber können wir einfach hier so verschwinden? Die passen doch auf, wer hier den Saal verlässt, dann muss ich wieder beim Ersten antanzen."

„Wieso? Das kläre ich. Mit dem Paule komme ich schon klar und die anderen haben mir nichts zu sagen! Wir können doch jederzeit etwas dienstlich zu klären haben, und das geht niemanden etwas an."

Hans, so war sein Vorname, hatte dies bestimmend ausgesprochen. Nur dem Ersten war er untergeben. Gerd hatte im ersten Augenblick gar nicht richtig begriffen, was Hans mit dem Satz: „Mit dem Paule komme ich schon klar", ausdrücken wollte. Das sollte er erst später erfahren, leider zu seinem persönlichen Nachteil.

Als Gerd gehen wollte, hielt ihn Hans mit den Worten zurück: „Warte noch, wir nehmen den Kurte noch mit, der wird auch froh sein, wenn wir ihn von dieser Veranstaltung befreien."

Kurte war der Stabschef und gleichzeitig der Parteisekretär des MfS in Bornstett. Gerd kannte ihn ja durch zu klärende Wohnungs- und Reparaturfragen zur genüge. Er erinnerte sich dabei an Frau Dyck, die die Weichen dazu gestellt hatte.

Es dauerte nicht lange, bis Hans mit Kurte erschien. Dieser grinste, wie fast immer und bekam auf seine Frage: „Na, was ist denn los?", keine Antwort.

In seinem Büro bestellte Gerd drei Kaffee und stellte automatisch auch drei reichlich gefüllte Cognacgläser auf den Tisch. Hans sammelte alte Waffen, so wie Gerd selbst, und gab offen zu, nicht alle alten Waffen nach oben abzuführen, die er dienstlich auf seinen Tisch bekam. Er hatte noch eine andere Leidenschaft, er trank gerne einen guten Weinbrand.

Nach einem allgemeinen Gerede begann Gerd nochmals das Gespräch auf die verlassene Veranstaltung zu lenken. Er betonte, dass er sich alleine nicht getraut hätte die Veranstaltung zu verlassen. Der 1. Sekretär sei sowieso nicht gut auf ihn zu sprechen, weil er sich von allen Mitarbeitern der SED-Kreisleitung nicht in seine Arbeit hinein reden lasse, außerdem habe er eine andere Auffassung vom Arbeiten und Leben in der DDR als das, was die Kreisleitung darunter versteht. Seine Arbeit in der Genossenschaft und die erzielten Erfolge würde ihm schließlich Recht geben.

Nachdem sich Hans noch einmal nicht gerade positiv über die heutige Veranstaltung ausgelassen hatte, und was mit einem ermahnenden „na, na" von Kurte, dem Stabschef, abgebrochen wurde, stellte Hans die direkte Frage: „Wieso kommst du mit dem Paule nicht klar? Mit dem müsstest du doch eigentlich klarkommen, wenn du ihn richtig anfasst. Ich komme gut mit ihm klar, er ist doch ein alter Bekannter von uns."

„Ich kenne ihn seit 1973, wo er mir das erste Parteiverfahren verpasst hat. Das war damals wegen dem Antennenaufbau Richtung Berlin-West. Wir beide haben eben zu wirtschaftlichen und politisch-ideologischen Fragen grundsätzlich unterschiedliche Auffassungen. Ich gehe davon aus, dass die wirtschaftlich-ökonomischen Fragen, auch im Sozialismus, im Mittelpunkt des Geschehens stehen müssen und sich die politisch-ideologische Arbeit danach auszurichten hat und nicht umgekehrt. Deshalb lasse ich mir von einem 1. Sekretär oder gar von einem anderen der Kreisleitung nicht in meine Arbeit hineinreden. Die meisten von dort sind doch nur über die FDJ in die Kreisleitung gerutscht und haben von der Praxis keine Ahnung. Das Ergebnis meiner Arbeit liegt doch klar auf der Hand. In unserer Genossenschaft gibt es keine großen noch unlösbaren Probleme. Wir lösen mit unseren Wohnungen die meisten Wohnungsprobleme der Stadt, des Kreises und des Bezirkes.

In der Werterhaltung unserer Wohnungen setzen wir effektiv weniger finanzielle Mittel ein bei größerem Nutzen, als die Gebäudewirtschaft, unser staatlicher Bruder auf kommunaler Ebene. Ihr bekommt ja deshalb auch eure Wohnungen von der AWG." Gerd war sich nicht im Klaren. Hatte er zu viel gesagt? Aber es entsprach doch den Tatsachen.

„Ja, bei dir ist alles so klar und geradlinig. Was du sagst, das machst du, das hat Hand und Fuß! Dein Wort hat Gültigkeit, auch ohne schriftliche Festlegung. Das wissen wir! Aber damit stehst du weit, weit vor der Front, da wird man auch von hinten beschossen. Das solltest du wissen! – Wenn das bei allen Leitern so klar wäre, hätten wir keine Probleme. Du bist ja deshalb mit deiner Genossenschaft auch in der ganzen DDR bekannt." Kurte hatte das unerwartet ausgesprochen und fügte ablenkend hinzu, während Hans Gerd mit einer nachdenklichen Miene anschaute. „Weißt du noch, als der Vorgänger von Paule bei deinem großen Werkstattbau gefordert hatte, in dem Gebäudeaushub ein Schwimmbecken für die Stadt zu bauen? Oder, als er nach ein paar Wochen die Forderung erhob, im Kellergeschoß eine Sero-Annahmestelle einzurichten? Du hast damals darüber nur gelacht und ihn abblitzen lassen."

„Das hat der verlangt?", mischte sich Hans ein. „Der muss doch total spinnen! Aber von dem Gerstner konnte man ja auch nichts anderes verlangen. Der hatte ja sowieso nur seine Weibergeschichten im Kopf. Gut, dass ihn Paule gekippt hat und er Erster wurde." Nach einem weiteren Schluck aus seinem Glas fügte er hinzu: „Aber ich verstehe nicht, dass du mit Paule nicht klarkommst. Mit dem haben wir schon Dinge gedreht, da war er noch ein kleiner Jungingenieur in der Brikettfabrik in Langenfeld."

Hans und Kurte schmunzelten, als sie Gerds erstaunten Gesichtsausdruck sahen. Hans hatte mit seinen Worten Gerds Neugier geweckt.

„Du warst früher schon hier in der Stadt, Hans? Ich dachte, du wärst erst hier, seitdem du Dienststellenleiter bist."

„Ich habe früher als Maskottchen hier meinen Dienst verrichtet, bevor ich versetzt wurde, und heute bin ich eben wieder hier." Hans lachte. „Den Paule kennen wir von damals, nicht Kurte? Da haben wir noch richtige Aufklärungsarbeit geleistet, wo der BND noch heute denkt, der KGB habe dem süddeutschen Rüstungsbetrieb das Geheimnis des Stabilisators der Panzerkanone abgejagt. Aber die tappen vollkommen im Dunkeln. Und so soll es auch bleiben! – Prost!"

„Es reicht nun!" Kurte hakte dazwischen.

„Wieso? Hier kann ich doch das sagen. Zu Gerd haben wir doch volles Vertrauen, das hast du doch selbst oft zum Ausdruck gebracht. Oder? Wir wissen beide, dass das Gesagte hier im Zimmer bleibt. Also können wir auch von Paule reden", warf Hans ein und stellte sein leeres Glas zum Nachgießen neben die Flasche.

Kurte hatte erst sein zweites Glas leer getrunken und wehrte diesmal das Nachgießen ab. Erst nach Zureden konnte nachgegossen werden, er trank aber nur sehr wenig, dann nichts mehr, schien sich aber alles genau zu merken, was weiter gesprochen wurde.

Neugierig wie Gerd war, stellte er die Frage: „Und von da kennst du Paule schon?"

„Na, denkst du, ich kenne ihn erst seit dem ich wieder in Bornstett bin und er sich in der Aktion gegen Gerstner zum

1. Sekretär der SED-Kreisleitung gemacht hat? Da irrst du dich aber gewaltig! Stimmt's Kurte? Den kennen wir schon lange. Da stand er noch als kleiner Jungingenieur in der Brikettfabrik in Langenfeld herum und hatte von Tuten und Blasen keine Ahnung." Hans lachte und trank. Dann fuhr er unaufgefordert fort: „Mit dem Paule haben wir schon so manches Ding gedreht."

„Mit dem? Ist denn der auch einer von euch?", wollte Gerd wissen.

„Auch? – Das ist gut! Der ist unser oberster Dienstherr im Kreis. Was denkst du? Ohne die ausdrückliche Zustimmung oder Anordnung von ihm läuft im Kreis nichts!"

Hans hatte hier wohl ein Dienstgeheimnis ausgesprochen, dass Gerd und auch sonst niemand wissen sollte. Dementsprechend reagierte Kurte: „Lass es gut sein Hans, hör auf!"

„Wieso? Gerd plaudert doch nichts aus. Das weißt du doch selbst."

Hans hatte ausgetrunken und reichte sein Glas zum Nachfüllen. Dabei schaute er Gerd fragend an: „Du bist doch auch so ein Waffengockel wie ich. – Ich werd dir mal ein Beispiel sagen, wo wir mit Paule so ein Ding gedreht haben. Und das war nicht das Einzige!" Hans hörte, oder wollte die erneut hart ausgesprochenen, mahnenden Worte von Kurte nicht hören. Er hatte inzwischen wieder ausgetrunken und griff selbst zu der Flasche, um sich selbst einzuschenken. Kurte nickte Gerd zu, nun Hans nichts mehr nachzugießen. Gerd verstand das. Unbeirrt setzte Hans aber seine Rede fort: „Weißt du, was ein Stabilisator einer Panzerkanone ist?"

Gerd bejahte. Er wusste, dass die älteren Typen von Panzern, besonders des Warschauer Paktes, keinen Stabilisator besaßen und deshalb während der Fahrt kein Ziel anvisieren und schießen konnten. Um ein Ziel zu treffen, musste der Panzer anhalten, zielen und schießen. Diese Standzeit war für den Panzer selbst die größte Gefahr, selbst das Ziel zu sein. In dieser

Hinsicht waren die NATO-Panzer überlegen. Sie besaßen einen Stabilisator für die Panzerkanone, mit dessen Hilfe, unabhängig von der Fahrtbewegung, die Kanone ausgerichtet und der Schuss treffsicher abgefeuert werden konnte.

„Lass das!", warf Kurte dieses Mal im Befehlston ein. Doch Hans schien in Erinnerungen zu schweben und durch den Alkohol in Fahrt gekommen zu sein und fuhr unbeirrt fort: „Wir hatten erfahren, dass der Konstrukteur eines solchen Stabilisators eines süddeutschen Rüstungskonzerns hier in Langenfeld Verwandtschaft hatte. Wir von der Kreisdienststelle hatten dadurch den ehrenvollen Auftrag erhalten, diesem Mann hier in Langenfeld seine Konstruktion abzujagen. Von da an kennen wir Paule. Ohne ihn hätten wir das alles nicht geschafft, denn er war es, der durch seine Arbeit in dem Langenfelder Kohlekraftwerk die Verbindung zu der Person hatte, zu dessen Familie die Verwandtschaftlichen Bindungen des Konstrukteurs aus Süddeutschland standen.

Paule hatte für uns mit dem Langenfelder Mann alles eingefädelt. Er war es, der zu dem Mann die ersten Kontakte knüpfte und ihm in seiner Arbeit und im Privatleben in unserem Namen verlockende Angebote unterbreitete."

Kurte saß da, als wäre er versteinert, hörte aber genau zu, was Hans sagte. Seine Augen zeigten eine innere Erregung und Anspannung, um all das Gesagte genau zu registrieren. Für Gerd war die entstandene Situation ungewöhnlich. Vielleicht war es seine Neugier, woher Hans den Kotzack schon lange kannte, sicher auch unterstützt durch den getrunkenen Alkohol, der diese heikle Situation heraufbeschworen hatte. Der Chef des MfS des Kreises plauderte freimütig, wie zu Großmutters Märchenstunde, geheimdienstliche Erfolgserlebnisse aus, und sein Stabsoffizier war starr, wie eine Salzsäule, und tat so, als wäre soeben das größte Staatsgeheimnis preisgegeben worden, obwohl es Jahre zurück lag. Hans wusste, dass Gerd verschwiegen war und er sich darauf verlassen konnte.

Der Stabschef schien das anders zu sehen. Scheinbar war die angebohrte Quelle bis heute nicht versiegt. Das schien er zu wissen, Hans vielleicht nicht.

Nach den bisherigen Darlegungen von Hans, hatte sich Gerd gewaltig geirrt. Er war in Wirklichkeit gar nicht der Chef des MfS in Bornstett, er war nur der Leiter der Kreisdienststelle. Der eigentliche Chef der Stasi im Kreis war der 1. Sekretär der SED-Kreisleitung! Paule Kotzack also! Als Vorsitzender der Kreiseinsatzleitung war er auch oberster Befehlshaber der Volkspolizei, der Feuerwehr, der Zivilverteidigung und der Gesellschaft für Sport und Technik. Nur die Befehlsgewalt über das Wehrkreiskommando hatte er nicht, und das wurmte ihn.

Zum gegenwärtigen Zeitpunkt des Gespräches überschaute Gerd die prekäre Situation wirklich nicht, weil ihm einige Zusammenhänge nicht klar waren. Sicher hätte er sonst keine weiteren Fragen gestellt. Doch so war seine Frage direkt: „Und der Konstrukteur hat seine Zeichnungs- und Konstruktionsunterlagen so einfach mitgebracht?"

„Ach, was denkst du! Es hat lange Zeit gedauert, bis wir an den Konstrukteur herangekommen sind. Dabei war unsere Zusammenarbeit mit anderen sehr hilfreich." Hans lächelte dabei, als würde er alles noch einmal erleben. „Es war ein schönes Stück Arbeit, bis wir für den Konstrukteur einen plausiblen Grund gefunden hatten, überhaupt die Reise nach Langenfeld anzutreten. Noch filigraner war es, ihn zu bewegen, seine privaten Aufzeichnungen mitzunehmen, denn die wollte er auch nicht unbeaufsichtigt zu Hause lassen. Auch das war ein Stück Arbeit, ihn davon zu überzeugen, dass seine Unterlagen bei ihm sicherer waren, als sie alleine zu Hause zu lassen. Stimmt's Kurte?"

Kurte brachte nur ein verbissenes „Hm!" heraus.

Doch Hans erzählte unbeirrt weiter: „Stell dir vor, wir haben sogar in der Wohnung der Familie in Langenfeld extra einen

Stahltresor einbauen müssen. Das musste dann die Familie dem Konstrukteur wissen lassen. Aber wir hatten auch ganz schön Schwierigkeiten. Als der Tresor eingebaut war, wollte plötzlich die Frau aus Langenfeld nicht mehr mitmachen. Auch der Mann zog sich danach zurück. Das war ganz schön haarig!"

Hans nahm wieder einen Schluck und Gerd nutzte die Trinkpause, um zu fragen: „Und? Wie ist es euch dennoch geglückt, alles in den Griff zu bekommen?"

„Mit Geld! Mit sehr viel Geld! Paule hatte uns berichtet, dass der Mann auf Geld stand. Nun musste er ran und dem Mann sehr viel Geld bieten. Der hat dann seine Frau, Gott sei Dank, auch überzeugen können." Hans machte eine kleine Pause, als ob er überlegen müsste, wie es dann weiter ging. „Als wir den Konstrukteur hier in Langenfeld hatten, gab es erneut Schwierigkeiten. Der Konstrukteur war nicht dazu zu bewegen, seine Notizen aus der Hand zu legen. Immer trug er sie bei sich und die Zeit rann uns langsam davon. – Endlich hatten wir ihn soweit, einmal mit dem Mann in die Kneipe zu gehen. Auch da wollte er sein Notizbuch nicht aus der Hand legen, sondern immer bei sich tragen. Wir haben ihm Unsicherheit auf der Straße vorgetäuscht und vieles mehr. Dann war er endlich bereit, seine Notizen in den Tresor zu legen. Er nahm beide Schlüssel mit, um sicher zu sein, dass während seiner Abwesenheit niemand an seine Unterlagen kommt. Aber wir hatten ja auch daran gedacht! – Dann ging alles sehr schnell. Der Konstrukteur ist vorne aus dem Haus heraus und wir sind hinten in das Haus hinein. Tresor auf und alles ablichten, das war eins!

Wir waren noch nicht ganz fertig, da wurde uns schon gemeldet, dass es der Konstrukteur in der Kneipe nicht aushält und zurückkommt. Doch bevor er das Haus erreichte, lag alles wieder, genauso wie vorher, im Tresor. Der Konstrukteur war sichtlich erleichtert, als er seine Unterlagen wieder an sich nehmen konnte.

Noch am selben Abend sind die Kopien mit einem seit Tagen bereitgestellten Jagdflugzeug nach Moskau gegangen."

„Wieso das?", wollte Gerd neugierig wissen.

„Wieso das?" Hans lachte. Auch Kurte quälte sich mühselig ein Lächeln hervor.

„Du weißt aber auch gar nichts! Damals stand unmittelbar ein großes Manöver des Warschauer Paktes bevor. Es waren nur noch vier Wochen Zeit, um aus den Unterlagen Tatsachen zu schaffen. Das wiederum konnte nur in einer Panzerproduktionsstätte im Ural erfolgen, denn die kannten ihre Panzerkonstruktion wieder ganz genau."

„Und habt ihr es geschafft", forschte Gerd, als Hans wieder zum Glas gegriffen hatte.

„Na, was denkst du! Du hättest die großen Augen der westlichen Beobachter zum Manöver sehen sollen. Unmittelbar vor der Ehrentribüne, auf der diese geladenen Beobachter standen, kamen zwei Panzer neuesten Typs an und feuerten in voller Fahrt. Und sie trafen!

Nun war es klar, wir hatten den Stabilisator! Aber wie viel Panzer damit ausgerüstet waren, wusste keiner der Beobachter. Aber es waren damals nur die zwei!"

Hans stellte sein Glas ab, das er automatisch wieder ergriffen hatte.

„Das Schönste, das Schönste ist, dass der BND heute noch nicht weiß, wer die Unterlagen für den Stabilisator der NATO abgejagt hat. Auch nicht wie und woher! Noch immer denkt der BND, dass es der sowjetische Geheimdienst war, der an die Unterlagen gekommen ist. Auch wie, das liegt bei dem BND völlig im Dunkeln!" Hans lachte und freute sich.

„Und so soll und muss das auch bleiben!" Kurte hatte diese Worte kurz und scharf ausgesprochen.

„Da können wir noch einmal anstoßen!" Hans hielt sein Glas noch einmal Richtung Flasche.

Als Gerd eingießen wollte, wandte sich Kurte energisch an Gerd: „Zum Abschied kannst du ihm noch einen Schluck geben, dann ist Schluss!"

Die drei Gläser waren gefüllt und Gerd versicherte, dass die gesagten Worte im Zimmer verbleiben und von ihm nicht weiter getragen werden. Doch das Wort Abschied, das Kurte in den Mund genommen hatte, sollte für Hans tief greifende Bedeutung erlangen. Gerd sollte es später ebenfalls persönlich und wörtlich zu spüren bekommen.

Am anderen Morgen. Gerd betrat wie üblich sehr zeitig sein Arbeitszimmer. Es klingelte sofort. Es war Kurte. Er müsse Gerd sofort sprechen. Mit ernster Miene und scharfer Stimme und ohne die sonst üblichen Floskeln, begann Kurte seine knappen Ausführungen. Den angebotenen Platz überhörte er, er blieb stehen.

„Damit du es gleich erfährst! – Hans wurde heute Nacht mit sofortiger Wirkung als Leiter der Kreisdienststelle des MfS abgelöst. Er wurde ebenfalls sofort abkommandiert! Sollte er hier bei dir anrufen, bist du nicht da! Solltest du ihn zufällig in der Stadt treffen, hast du ihm aus dem Weg zu gehen! – Ist das klar?"

Gerd war wie vor den Kopf gestoßen. Wieso erlaubte sich Kurte ihm Befehle zu geben? Warum sollte er Hans nicht mehr treffen? Wenn er Hans treffen würde, würde er trotz dieser Befehlsworte mit Hans sprechen, zumal er ihm als Mensch offener und ehrlicher erschien, als Kurte. Gerd ließe sich von Kurte nichts verbieten, das widersprach seinem Charakter. Er war brüskiert und geschockt. – Vielleicht sollten die scharfen Worte gar keine Befehle sein, sondern eine sehr ernst gemeinte Warnung für ihn, es könnte ihm genauso ergehen wie Hans, aber dazu fehlten Kurte zu Zeit die Mittel.

Als Antwort brachte Gerd nur ein „Mm" heraus.

Doch dann siegte schon wieder seine Neugier. „Warum wurde Hans abgelöst? Wegen dem bisschen Alkohol in seiner Freizeit? Das kann doch nicht sein. Wir haben doch alle getrunken und was gesprochen wurde, ist schon lange vergessen."

„Gerd, frag nicht noch so scheinheilig! Du weißt doch genau warum! Mehr brauch ich dir wohl nicht zu sagen. Ich habe mich klar und deutlich ausgedrückt, und du hast verstanden!" Militärisch scharf und stark verächtlich schien es Gerd. Aber er begriff schnell. Die ausgesprochene Warnung an ihn war eindeutig und hatte ihre Wirkung nicht verfehlt. Wenn er jetzt noch weitere Fragen stellen würde, würde es auch für ihn sehr ernst werden. Trotzdem kam seine Frage.

„Wenn du könntest, würdest du mich doch auch sofort ablösen lassen, hab ich Recht?"

„Ja! Aber du hast ja die Genossenschaft hinter dir."

Als Kurte eben so schnell, wie er gekommen war, den Raum wieder verlassen hatte, musste sich Gerd erst einmal hinsetzen und das Gesagte verdauen. Aber das war nicht leicht. Doch schon schoss es ihm durch den Kopf: Kurte hatte ihn von der SED-Kreisleitung aus angerufen, anders konnte es nicht sein, die war schräg der AWG gegenüber. Deshalb war er auch so schnell bei ihm. Er selbst, oder ein anderer hatte sein Erscheinen zu Arbeitsbeginn in der Genossenschaft beobachtet. Wenn er aber von der SED-Kreisleitung kam, dann hatte er gestern Abend noch den 1. Sekretär, Paule Kotzack, von unserem Gespräch unterrichtet. Hatte Kurte das als treuer Stasimann getan, oder um seine Haut zu retten. Letzteres würde bedeuten, dass Gerds Zimmer abgehört wurde und ihm das bekannt war. Abscheulich war beides für Gerd. Wie konnte ein Mensch nur einen anderen Menschen so ans Messer liefern. Gerd schüttelte unglaubwürdig den Kopf.

Der 1. Sekretär, Kotzack, als oberster Befehlshaber aller militärischen Kräfte des Kreises, auch des MfS, war wiederum in der Lage, Hans abzulösen oder ablösen zu lassen. So ist das also gelaufen! – Wenn Hans aber wegen der gestrigen Offenbarung einer geheimdienstlichen Stasiaktion, die ja zeitlich nicht mehr ganz neu war, abgelöst und versetzt wurde, konnte der neue Mitwisser nichts anders erwarten. Gerd wusste, dass er nun an der Reihe war und von seiner Funktion verschwinden würde. Es war nur eine Frage der Zeit und der Methoden, die die SED gegen ihn anwenden würde, um ihn als unbequeme Person loszuwerden. Wie er den 1. Sekretär der SED-Kreisleitung kannte, würde dieser alles daran setzen, um den neuen unliebsamen Mitwisser seines langen Werdeganges über und durch das MfS zur Machtergreifung in der SED-Kreisleitung, bis hin zum Leiter aller militärischen und paramilitärischen Einsatzkräfte des Kreises, loszuwerden, egal wie dreckig die Mittel dazu auch sein mögen. Judase, die ihm dabei helfen und sogar für ihn die schmutzige Arbeit machen würden, würde er in der SED, aber auch in SED-abhängigen Blockparteien, Betrieben und Einrichtungen, genug finden. Leider gab es auf allen Ebenen dreckige und schleimige Charaktere, die, um Kotzack zu gefallen, ihm am liebsten täglich hinten hinein gekrochen wären. Nur viel Platz gab es da sicher nicht, dort saßen ja ständig welche!

Gerds Gedanken schweiften zurück zum Liedermacher Brettschneider, wo Kotzack eine solche Praktik fabrizierte. Er war gefasst, jeden Augenblick zur SED-Kreisleitung zitiert zu werden, aber es geschah nichts am gleichen Tag. Trotzdem wusste er, dass Kotzack mit allen möglichen Mitteln und Intrigen versuchen würde, seinen guten Ruf zu schädigen, wo auch immer sich Gelegenheit dazu bot.

Auch ohne Kenntnis über Kotzack Vergangenheit hatte Gerd von diesem Mann und seines gleichen nichts Gutes zu erwarten. Dafür sorgte alleine seine unbeugsame Geradlinigkeit, verbunden mit einer bekannten Genauigkeit, die ihn bei oberflächlicher Betrachtung als unbequemer Partner erscheinen ließ. Aber er war stets zuvorkommend und hilfsbereit, hatte Zeit für Sorgen und Nöte seiner Mitarbeiter und Genossenschafter und forderte in der Arbeit von niemandem mehr, als er selbst leisten würde. Und er war immer für die Genossenschaft da, zu jeder Zeit. Er ließ sich in seine genossenschaftliche Arbeit nicht hineinreden, besonders nicht von Kotzack und Konsorten. Von denen hieß es so schön: Kilian nimmt keine Lehren von uns erfahrenen Genossen an! Das traf aber nur für diese Leute zu. Ansonsten war er sehr aufgeschlossen für alles Neue, was ihn und die Genossenschaft vorwärts brachte.

Gerd hatte das vom MfS erfahrene Geheimnis keiner Person anvertraut. Er hatte sein Wort gegeben und das stand. Bald hatte er diese Angelegenheit als ernüchternde, unkluge Erfahrung in den Hintergrund gedrängt und dachte nicht mehr oft daran. Er ging in seinem Glauben an das Gute im Menschen davon aus, es sei Gras darüber gewachsen, und das normale Leben ginge wie bisher, ohne grobe Störungen und starke Einmischungen, weiter. Doch weit gefehlt!

KOTZACKS METHODE

Gerd Kilian hatte den Auftrag, zum Termin beim Vorsitzenden des Rates des Kreises zu erscheinen. Vorher sollte er jedoch unbedingt bei dem Mitglied des Rates für Wohnungspolitik, Frau Dyck, vorbeikommen, so war ihm der entsprechende Anruf weitergegeben worden. Eine Thematik zum Gespräch wurde nicht übermittelt.

Als Gerd das Dienstzimmer von Frau Dyck betrat, dampfte schon der frisch aufgebrühte Kaffee, und sie begrüßte ihn mit freundlichen Worten: „Ich habe uns erst einmal einen Kaffee gekocht, damit wir die schweren Probleme besser besprechen können. Komm setz dich und lass ihn dir schmecken."

Gerd hatte sich beim Eintreten das Dienstzimmer noch einmal richtig angeschaut, obwohl er es seit Jahren von vielen Begegnungen mit Frau Dyck hinreichend kannte. Immer noch waren da die dunklen, breitgezogenen Stores, die sicher einmal weiß waren und Übergardinen der Mode der 60-er Jahre, die die schlecht geputzten Scheiben des großen Fensters mit dem abblätternden Farbanstrich verdeckten. Da war die einfache, an einem Stab hängende zweiröhrige Neonlampe, die die vergilbte und an den Ecken schon leicht abgelöste alte Einheitstapete noch unansehnlicher erscheinen ließ. Da war auch noch der braune, teils sehr abgetretene PVC-Fußbodenbelag, der an verschiedenen Trennstellen mit Nägeln an der Dielung des kleinen aber hohen Zimmers zusätzlich befestigt war, um die Stolpergefahr zu reduzieren.

„Komm setz dich hin, aber Vorsicht, der Stuhl ist etwas außer Leim." Frau Dyck strahlte bei diesen Worten über ihr rundes Gesicht, als ob sie selbst den besten Tageswitz erzählt hätte.

„Kommen wir gleich zur Sache. Der Ratsvorsitzende kam heute ganz aufgeregt von der Sekretariatssitzung der SED-Kreisleitung und wollte von mir wissen, was du persönlich gegen den 1. Sekretär der SED-Kreisleitung, Genosse Kotzack, hättest. Kotzack hätte in der Sekretariatssitzung mehrfach über dich sehr negativ gesprochen, dich wiederholt stark kritisiert und erklärt, du würdest bewusst gegen ihn und die SED arbeiten. Ich kann mir das zwar nicht vorstellen, doch nach Aussagen des Ratsvorsitzenden wärest du nicht das erste Mal vom Kotzack in Sekretariatssitzungen stark kritisiert worden. Also sag mir offen, was du gegen Kotzack hast, oder deute wenigstens Gründe dafür an. Mit mir kannst du ja offen reden, das weißt du ja!"

Gerd fühlte sich, als habe man ihm gerade eine kalte Dusche verpasst. Er war wie vor den Kopf gestoßen. Das war harter Tobak, er wurde hinter seinen Rücken vor allen Sekretariats-mitgliedern öffentlich wiederholt kritisiert, ohne davon zu wissen. Langsam begann er zu reden, das Vorgehen gegen den früheren Leiter des MfS in Bornstett in Gedanken: „Ich habe im letzten halben Jahr oder schon länger, nichts gegen die Mitarbeiter der SED-Kreisleitung gesagt und erst recht nicht gegen Kotzack, dem 1. Sekretär. Ich weiß, dass die keinerlei andere Auffassung als ihre dulden und keine Kritik vertragen und sei sie helfend vorgetragen. Deshalb habe ich mich be-wusst mit meinen Äußerungen, besonders denen gegenüber, zurückgehalten." Er legte eine Pause ein, bevor er fortfuhr: „Die an meiner Person ständig von Kotzack und seinen unmittelba-ren Mitarbeitern, besonders des Wirtschaftssekretärs, geübte unsachliche Kritik, scheint mir persönlich darauf gerichtet zu sein, mich bei anderen Mitgliedern des Sekretariats der Kreis-leitung, wie beim Ratsvorsitzenden, der mich ja gleich spre-chen will, und darüber hinaus über die Parteisekretäre der Betriebe in der Öffentlichkeit schlecht zu machen, zu diskri-minieren. Ziel dieser unschönen Aktionen von Kotzack scheint es zu sein, mein Ansehen systematisch zu untergraben, um später bei passender Gelegenheit mit all seiner ihm delegierten Macht gegen mich vorzugehen. Ich habe nur diese Erklärung. Persönlich interessiert mich dieser Mensch überhaupt nicht, auch wenn er seine Halbglatze noch mehr poliert.

Sein ständiges, bewusstes Stänkern gegen mich, hinter meinem Rücken, denn mir gegen über scheint er zu feige zu sein sich zu äußern, hindert mich in der täglichen Arbeit. Schließlich habe ich mehr zu tun, als mich ständig bei allen möglichen Stellen zu rechtfertigen. Sicher werde ich auch noch von anderen angesprochen, nicht nur vom Ratsvorsitzenden.

Erklären kann ich mir das bewusste Schlechtmachen durch Kotzack nur, weil ich mir in genossenschaftlichen Fragen weder von Kotzack noch von einem anderen der SED-Kreisleitung hineinreden lasse, sei es im Einsatz der nicht unerheblichen finanziellen genossenschaftlichen Mittel von teils über 1000 Mark an die Genossenschafter für die freiwillige Verkleinerung der Wohnung, der ständigen Erweiterung der eigenen Reparaturkapazität mit Werkstätten, Maschinen und Fahrzeugen, die wir zum Teil aus Schrott gewinnen und selbst wieder aufbauen, oder in der genossenschaftlichen Vergabe von Handschachtkapazität an Betriebe und Einrichtungen, die außerhalb jeglicher Bilanz läuft und ohne die manche Baumaßnahme im Territorium nicht möglich wäre. Ganz zu schweigen von der selbstständigen Vergabe des genossenschaftlichen Wohnraumes, wo die teuren Genossen der SED-Kreisleitung zu gerne hineinreden möchten. Die ständigen Versuche hierzu, habe ich bisher kategorisch abgelehnt, und das wird auch weiter so sein. Das weißt du genau! In Abstimmung mit der Stadt oder mit dir, kann manches gelöst werden, aber nicht durch Einmischen dieser unkompetenten Stelle."

Gerd beruhigte sich langsam wieder und fügte hinzu: „Du kennst mich genau in meiner kritischen Haltung der SED gegenüber. Die Hälfte dieser Leute in der Kreisleistung ist überflüssig, die anderen verstehen nichts von der Praxis. Leider kann ich mit niemanden offen darüber reden.

Du kennst meine Arbeit in der Genossenschaft. Wenn da irgendwelche Probleme stehen, die nicht im Interesse der Mitglieder gelöst werden oder im Interesse der Wohnungspolitik, dann lass es mich bitte wissen. Ich bin jederzeit für Anregungen und Hinweise dankbar, und werde sie, wenn sie letztgenannten Interessen dienen, kurzfristig realisieren."

„Reg dich doch nicht so auf, der Ratsvorsitzende und ich selbst kennen dich und schätzen deine Arbeit." Frau Dyck versuchte besänftigend zu wirken. „Trink noch eine Tasse Kaffee."

Die so entstandene künstliche Pause nutzte Gerd, um schnell nachzudenken, was wirklich der Grund für die ständig zermürbende, hinter seinem Rücken, aber in der Öffentlichkeit durch Kotzack vorgetragene, schlecht machende Kritik sein konnte. Wie er auch überlegte, immer wieder kam ihm das Gespräch mit dem Leiter und dem Stabschef des MfS in seinem Zimmer vor Augen, wo er erfahren hatte, wie und womit Kotzack seine Sporen beim MfS und seiner jetzigen Funktion verdiente, und wie er als Leiter der Kreiseinsatzkräfte den Dienststellenleiter über Nacht ablösen ließ.

Wie Schuppen fiel es ihm von den Augen. Die öffentliche Untergrabung seines Ansehens und seiner Autorität entsprach voll und ganz den Festlegungen des Stasichefs Mielke aus dem Jahr 1976, wonach man unliebsame Personen, die man weder dienstlich, beruflich noch privat fassen kann, öffentlich so zu diskriminieren hat, dass sie letztendlich in ihrer Stellung nicht mehr tragbar sind. – Das hatte Kotzack auch beim Liedermacher Brettschneider praktiziert. Das also war Sinn und Zweck von Kotzack, jetzt auch gegen ihn. Ablösen, wie den ihm unterstellten Dienststellenleiter des MfS, konnte er Gerd nicht. Da war seine Puste doch zu klein. Gerd war von den Delegierten der Genossenschaft rechtmäßig gewählt und nur eine Abwahl durch die Delegierten wäre wiederum rechtens. Doch das kurzfristig zu erreichen, konnte selbst die SED nicht. Nur sein jetzt eingeschlagener Weg der vorsätzlichen Diskriminierung und Verleumdung konnte mit Hilfe ihm ergebener Personen und Dienststellen zu seinem Ziel führen. Was für ein schrecklicher Gedanke.

Gerd hatte den Kanal voll, er war erregt. In seiner Gutgläubigkeit gegenüber Frau Dyck vertraute er sich ihr offen an, er kannte sie seit Jahren als freundlich und korrekt ihm gegenüber und nahm an, dass sie zukünftig ebenso aufrichtig ihm gegenüber sei, wie er zu ihr. Seinen Frust und seinen inneren Widerstand gegenüber den Machenschaften der SED drückte er folgendermaßen aus: „Es ist gut, dass Kotzack nicht die Partei ist, aber es ist traurig, dass er ihr im Kreis vorsteht!" Das hatte er übrigens in einer Vorstandssitzung der Genossenschaft ebenfalls geäußert. Damals hörte er nur: Das hätte nie gesagt werden dürfen! Und Gerd überlegte: „Kann ich dich im Vertrauen etwas fragen, was unter uns bleiben sollte?"

Frau Dyck nickte zustimmend und er fuhr fort: „Ich habe den Kanal so voll von den ständigen unsachlichen und unberechtigten Kritiken und anhaltenden Gängeleien seitens der SED-Kreisleitung, dass ich am liebsten noch heute aus der SED austreten möchte. Das geht aber so einfach nicht und ohne irgendein Parteibuch kann ich meine jetzige Tätigkeit nicht mehr ausführen. Das ist dir bekannt. Du bist doch im Kreisvorstand der CDU. Gibt es da eine Möglichkeit, dass ich aus der SED aus- und in die CDU eintreten kann? Ich würde das sofort tun. An meiner Arbeit und der Leitung der Genossenschaft würde sich nichts ändern, aber ich hätte vor den Hampeln der SED Ruhe und könnte meine Arbeit noch besser erledigen."

Das grausige Entsetzen stand Frau Dyck nach diesen offenen Worten in ihrem fahl gewordenen Gesichtsausdruck. Sie brauchte eine ganze Weile und rang sichtlich passende Worte zu finden, bevor sie Gerd aufklärte, dass sein Ansinnen nicht möglich sei. Es gäbe Absprachen zwischen den Parteien, welche ein Überwechseln von einer zu einer anderen Partei untersage. Sie würde sich an Gerds Stelle einen solchen Schritt gut überlegen. Frau Dyck rang innerlich mit der zuvor gesagten Offenbarung. Sie versuchte ruhig zu bleiben, doch Gerds eindeutige, offene Worte passten ihr nicht. Das war ihr deutlich anzusehen. Sie wies Gerd eindringlich noch einmal darauf hin: „Wenn du aus der SED austrittst, egal ob du dann in eine andere Partei gehst oder nicht, bist du in deiner jetzigen Funktion und damit für die Verantwortung aller Genossenschafter des Kreises nicht mehr tragbar! Überlege dir schnell, was du gesagt hast. Dass deine Linie in der Genossenschaft richtig ist und republikweit anerkannt wird, ist klar. Aber deine jetzigen Äußerungen schaden allen, das kann ich nicht gutheißen."

Gerd wusste nun, dass er mit seinen vertraulichen, offenen Worten und Gedanken bei Frau Dyck an der falschen Aderesse war und die Worte lieber nicht gesagt hätte. Die Reaktion und die Worte von Frau Dyck zeigten ihm, dass sie als Mitglied des CDU-Kreisvorstandes mehr für die SED übrig hatte, als für ihre Partei. Er versuchte schnell alles zu relativieren und auf seinen Frust auf die SED-Kreisleitung zu schieben und bat nochmals, das hier Gesprochene vertraulich und für sich zu behalten. Frau Dyck versprach es.

Im Inneren wusste er aber, dass sein Verlangen, aus der SED auszutreten, nicht der momentane Frust, sondern das Ergebnis des immer stärker werdenden und ständig wachsenden Widerspruchs zwischen der Theorie von Marx und Engels und der miserablen Ausführung in der Praxis war, besonders dann, wenn man von den SED-Parteiorganen alles so beugte, wie man es gerade brauchte und das so Gebeugte als neueste Erkenntnisse der Partei der Arbeiterklasse deklarierte, ohne Beachtung jeglicher wirtschaftlicher und ökonomischer Bedingungen.

Als Gerd Kilian am Tisch des Vorsitzenden des Rates des Kreises saß, begann dieser ohne Umschweife auf die mit Frau Dyck schon besprochene Problematik einzugehen: „Wir kennen uns nun doch schon lange und ich hatte aus meiner Sicht nie einen Grund dich oder die Genossenschaft zu kritisieren, im Gegenteil! Deshalb interessiert mich die Frage, warum du wiederholt und in regelmäßigen Abständen vom 1. Sekretär der SED-Kreisleitung, Genossen Kotzack, öffentlich kritisiert und vor allen Anwesenden des Sekretariats und anderswo schlecht gemacht wirst. Ich kann mir darauf keinen Reim machen, erkläre es mir bitte."

„Wenn ich das wüsste, könnte ich die Kritikpunkte abstellen. Mir gegenüber hat sich Gen. Kotzack absolut nicht geäußert, ich weiß es nicht!" An den Vorsitzenden gewandt, fuhr er fort: „Dir ist bekannt, dass die Genossenschaft in vielen Aufgaben vorbildlich ist. Das ist so in der Lösung von Wohnungsproblemen und von Reparaturaufgaben. Hier werden wir im Bezirk und vom Prüfungsverband Berlin im Republikmaßstab als Vorbild hingestellt. Jeder Fremde, der in unsere Stadt kommt, kann am Zustand und Aussehen der Gebäude und an der guten Pflege des Hausgrüns erkennen, was genossenschaftliches Eigentum ist. Wir haben stets unsere Planaufgaben erfüllt und übererfüllt. Wir werden das auch künftig tun. Auch unsere Handschachtkapazität unserer Genossenschafter, ohne die im Kreis und in der Kohleindustrie manches Bauvorhaben nicht so problemlos gelöst werden könnte, werden wir weiter mit unseren Genossenschaftern organisieren."

Obwohl Gerd den Grund des Verhaltens von Kotzack ihm gegenüber genau kannte, traute er sich nicht den Ratsvorsitzenden darüber zu informieren, zumal er gerade zuvor bei Frau Dyck erlebt hatte, was man mit einem offenen Vertrauen alles zunichte machen kann.

„Das weiß ich alles." Nach kurzem Zögern fuhr der Ratsvorsitzende fort: „Dann könnte Genosse Kotzack nur persönlich etwas gegen dich haben, aber das wird sich ja sicher bald klären lassen. Also halt die Ohren steif und weiter viel Erfolg mit deiner Arbeit."

Das wahre Gesicht der Dyck

Zwei Tage nach dem Gespräch mit dem Vorsitzenden des Rates des Kreises und vorher mit Frau Dyck, wurde Gerd Kilian zur Klärung einer belanglosen Frage zum Wirtschaftssekretär der SED-Kreisleitung bestellt. Die Frage war absolut unbedeutend und schnell geklärt, doch der von Beginn an angeschlagene, scharfe und vorwurfsvolle Ton des Wirtschaftssekretärs war für die belanglose Frage zu aggressiv. Kein Wunder, dass sich Gerd am Ende anhören musste: „Im Übrigen muss ich dir ganz deutlich sagen: Du brauchst dir gar nicht einzubilden, dass du dich in eine andere Partei verdrücken kannst. Das werden wir mit allen Mitteln zu verhindern wissen. Du kannst nicht von der SED weg in eine andere Partei verschwinden. Verlass dich darauf, wir werden alle ein besonderes Auge auf dich werfen! Wir kriegen dich! Da kannst du Gift darauf nehmen!"

Damit hatte Gerd nicht gerechnet und er stammelte zu seiner Entlastung hervor: „Ich habe allgemein nur die Frage gestellt, ob es zwischen den Parteien Absprachen zur Übernahme von anderen Parteimitgliedern gibt. Das war allgemein, nicht meine Person betreffend."

„Verlass dich drauf, wir kriegen dich!", hörte er nochmals, als er den unangenehmen Ort verließ.

Am selben Tag wurde er vom Parteisekretär der Genossenschaft mit der gleichen Frage, wie in der SED-Kreisleitung konfrontiert, als er meinte: „Gerd, der Wirtschaftssekretär hat mich beauftragt, mit dir zu sprechen. Er sagte, du hättest die Absicht, dich der Kontrolle des Sekretariats der SED zu entziehen. Du wolltest in einer anderen Partei untertauchen. Er hat das alles noch mit bösen Worten untermauert und ist der Meinung, dass sie dich hart rankriegen müssen. Was ist denn da eigentlich los, hast du der Kreisleitung gesagt, dass du von der SED weg willst?" Dabei schaute er Gerd argwöhnisch an.

„Ich soll dem Wirtschaftssekretär gesagt haben, dass ich in eine andere Partei will?", begann Gerd provozierend. „Der Mensch muss doch sicher auch das Gras wachsen hören." „Aber wieso?"

Gerd schnitt dem Parteisekretär das Wort ab: „Ich musste mich vor zwei Tagen schon wieder beim Vorsitzenden des Rates des Kreises verantworten, weil ich angeblich dem 1. Sekretär kritisieren und bewusst gegen ihn und die SED arbeiten würde. Du weißt, solche unhaltbaren Vorwürfe kamen schon oft von dort, immer nur mit dem gleichen Ziel, mich zu diskreditieren und zu kriminalisieren. Ich habe vor dem Gespräch mit dem Ratsvorsitzenden bei Frau Dyck unter anderem die allgemeine Frage gestellt, ob einer bei Austritt aus der SED in der CDU eine neue Partei findet. Und das hat sie verneint. Mehr war nicht. Das war eine allgemeine Frage und sonst nichts."

„Na, da brauchst du dich nicht zu wundern, wie das zum Wirtschaftssekretär kommt. Die Dyck tratscht doch alles weiter. Wusstest Du nicht, dass sie einen Besamer bei der SED-Kreisleitung hat?"

Etwa 14 Tage später wollte der Stabschef des MfS beiläufig wissen: „Sag mal, du willst in die CDU? Stimmt das?"

„Du brauchst dir darüber keine Gedanken zu machen, das stimmt nicht", wehrte Gerd ab, auch wenn er sich ernsthaft mit dem Gedanken getragen hatte, um von der SED wegzukommen. „Ich habe Frau Dyck als Mitglied des Kreisvorstandes der CDU gefragt, ob zwischen den Parteien Absprachen zu einer gegenseitigen Mitgliederübernahme oder Abwerbung bestehen, und das hat sie bestätigt!"

„Ich konnte mir das auch nicht vorstellen, dass du bei deiner Haltung zur Kirche und zur DDR in die CDU wolltest."

Damit war das Thema für den Augenblick erledigt.

ERINNERUNGEN DAZU

Gerd Kilian ging es lange nicht aus dem Kopf, dass Frau Dyck sich als Tratschweib erwiesen und ihn, trotz Zusage bei der SED-Kreisleitung verpfiffen hatte. Sie war als Mitglied des Rates des Kreises für Wohnungspolitik seine staatliche Vorgesetzte auf Kreisebene, sie war die Vorsitzende des Kreisbeirates für Arbeiterwohnungsbaugenossenschaften, wenn auch nur auf dem Papier und sie war langjähriges Mitglied des Kreisvorstandes der CDU. Wie konnte eine solche Frau, zu der er bisher Vertrauen hatte, nur so schnell und leichtfertig ihr Wort brechen und das ausgerechnet gegenüber der SED! Das hatte er nicht erwartet. Eigentlich kannte er sie nur freundlich lachend und in fachlichen Fragen manchmal etwas unbeholfen. Zur Überbrückung solcher Situationen stand er ihr dann oft mit Rat und Tat zur Seite. Als Tratschtante, die trotz erbetener Verschwiegenheit alles brühwarm an die SED weitergab, kannte er sie eigentlich nicht. Oder? Hatte er in seiner grundsätzlichen positiven Einstellung zu jedem Menschen bisher bei Frau Dyck alles Negative verdrängt? Langsam erinnerte er sich zurück und plötzlich erschien ihm einiges im neuen Licht.

Als Gerd Frau Dyck vor Jahren die Wahlliste der neuen Vorstandsmitglieder der Genossenschaft vorlegen musste, stutzte sie bei dem Namen Spitzer und pustete heraus: „Meinst du bei dem Namen Spitzer, den, der im Gartenbaubetrieb im Industriegebiet arbeitet? Den willst du in den Vorstand wählen lassen? Weißt du nicht, dass der in der CDU ist?"

Gerd wusste es nicht. Er kannte Spitzer nur positiv aus der eigenen Hausgemeinschaft und von der gemeinsamen Grünlandpflege am Haus. Damals hatte er, trotz der unschönen Bemerkungen von Frau Dyck, die Wahlliste für den Vorstand nicht geändert. Ihm war die Arbeit im Vorstand für die Genossenschaft wichtig und nicht irgendeine Parteizugehörigkeit der Vorstandsmitglieder.

Gerd Kilian erinnerte sich in diesem Zusammenhang auch wieder an folgende Begebenheit.

Ein Genosse Köhler vom Rat des Kreises wurde ihm zum Besuch gemeldet. Als ihn Gerd erblickte, begrüßte er ihn mit den Worten: „Ach du bist es, Friedhelm, komm bitte und nimm Platz." Gen. Köhler war ihm bekannt als BGL-Vorsitzender des betrieblichen Rechenzentrums des Braunkohlekombinates, gleichzeitig auch als Wohnbezirksausschussvorsitzender eines Wohnbezirkes der Stadt.

Die von Genossen Köhler heute eingenommene Haltung und Anrede war förmlich und distanzierend. Wieso kam er heute angeblich vom Rat des Kreises?

„Genosse Kilian, ich komme von Abteilung Inneres des Rates des Kreises und habe die Aufgabe, mit dir zu sprechen. Dein Name wurde mir von Frau Dyck gegeben, die weiter informierte, du würdest im gleichen Haus wohnen, wie Frau Spitzer. Du kennst sie. Ihr Mann arbeitet ja bei dir im Vorstand. Zu deiner Information, Frau Spitzer wurde auf dem letzten Kirchentag in Gera als Synodale gewählt. Das ist eine hohe kirchliche Funktion. Da haben wir von der Abteilung Inneres des Rates die Aufgabe, diese Person zu betreuen, ohne dass sie es weiß. Und wir haben darüber zu berichten. Frau Dyck meinte, dass du das für uns machen könntest und würdest."

Gerd schluckte. „Da weiß Frau Dyck mehr als ich selbst! Erstens kenne ich Frau Spitzer nur vom Sehen und Guten Tag sagen, zweitens bin ich mit meinen vielen gesellschaftlichen Aufgaben so ausgelastet, dass ich beim besten Willen dein Ansinnen nicht erfüllen kann."

Genosse Köhler drückte seine Enttäuschung aus und suchte weiter nach einer geeigneten Person.

Da war also wieder Frau Dyck mit ihren schäbigen Verhalten der Ausgangspunkt gegen eigene Parteifreunde zu intrigieren. Sie, das CDU-Kreisvorstandsmitglied, hatte den Genossen Köhler, den angeblichen Mitarbeiter des Rates des Kreises, Abt. Inneres, zu ihm geschickt, mit dem Ziel, ihn als Spitzel gegen ein anderes CDU-Mitglied zu gewinnen. Errare humanum est! – Mit mir nicht!

Das war der feste Standpunkt von Gerd Kilian. Je weiter er nachdachte und bestimmte Situationen aus der vergangenen Zusammenarbeit mit Frau Dyck geistig nochmals analysierte, desto deutlicher kamen die zwei Seiten von ihr zum Vorschein. Ins Gesicht hinein freundlich lächelnd und hinter dem Rücken falsch und skrupellos!

Frau Dyck, ehemals Finanzbuchhalterin im Kohlekombinat, kam als Quotenfrau der CDU in ihre jetzige Funktion. Diese Stelle war von der SED für eine Blockpartei freigegeben worden. Ihre CDU-Mitgliedschaft resultierte nach ihren eigenen Angaben aus ihrem stark christlich orientierten Elternhaus, und das betonte sie öfters. Doch die christlichen Werte schienen für Gerd bisher anders zu sein, als er sie hier erlebt hatte. Als Mitglied des Rates des Kreises wurde sie auch CDU-Kreisvorstandsmitglied. Freundlich lächelnd am Arbeitsplatz und damit auch manche Unsicherheit zu überbrücken, so kannte sie Gerd Kilian bisher und sicher auch viele andere Menschen. Das Positive eines Menschen in den Vordergrund stellend, wollte er die zweite Seite von Frau Dyck lange nicht erkennen. Sein Motto war: Sieh die guten Seiten zweimal, bevor du nach den schlechten Ausschau hältst! Leider hat ihn das nicht nur bei Frau Dyck gutgläubig sein lassen.

Nicht Gerd Kilian, sondern ein anderer Mitarbeiter der Genossenschaft, der im gleichen Hochhaussegment wie Frau Spitzer wohnte, hatte ihre Betreuung übernommen, wie er etwas später von dieser Person selbst auf Nachfrage erfuhr.

ALLEINE

Gerd Kilian war enttäuscht von Frau Dyck, von ihrem schein-heiligen Getue, von vorgetäuschter Ehrlichkeit und Aufrich-tigkeit, enttäuscht von einem CDU-Kreisvorstandsmitglied. Gerne hätte er sich mit einem anderen gleichgesinnten Men-schen ausgesprochen, doch das schien ihm unmöglich zu sein. Durch seine vielen gesellschaftlichen Verpflichtungen und die Möglichkeit, dass ihn fast jeder als Vorsitzender der AWG zu gesellschaftlichen Fragen, die die AWG auch nur am Rande berührten, zu irgendwelchen Beratungen einladen konnte und er der Einladung im Prinzip folgen musste, hatte er sehr wenig Zeit für sich und seine Familie. In dieser wenigen Zeit wollte er seine Frau mit seinen Problemen auch nicht noch belasten. Sie hatte ja im BKK auch eine aufreibende Arbeit und verrichtete dazu noch alle häuslichen Arbeiten, wahrlich nicht einfach. Sein langjähriger Vertreter, ebenfalls Vorstandsmitglied, schien ihm nicht schweigsam zu sein, um sich ihm anzuvertrauen. Er war ja offiziell „Helfer der Volkspolizei" und sonst? Gerd ahn-te, wusste es aber nicht genau. Zudem musste er ihn von sei-ner Vertretung entbinden, weil er den gestellten Anforderun-gen nicht mehr genügte. Frau Dyck hatte ja einmal Gerd die provokatorisch Frage gestellt: „Wie lange willst du denn noch in Ehrfurcht vor dem Hardkopf erstarren, nur weil er vor dir in der Genossenschaft war? Löse ihn endlich ab!"
Sein jetziger Vertreter in der Geschäftsleitung, durch Gerds unüberlegten Vorschlag auch Vorstandsmitglied, war der Umbauleiter, von dem Gerd wusste, dass er alles weiter trug und sich mit dem, was er wusste, brüstete. Von seinen frühe-ren Oberbauleiterkollegen hatte er Gerd und sicher nicht nur ihm, brisante Einzelheiten erzählt. Wenn er sich ihm offen-bart hätte, hätte er das gleich vor der SED-Kreisleitung oder der Stasi tun können.

Zu den anderen Geschäftsleitungsmitgliedern hatte er keine näheren persönlichen Kontakte. Es fehlten die Bindungen, um sich offen anzuvertrauen.

Im Vorstand selbst war es ähnlich. Sehr hohe Achtung hatte er vor einem Vorstandsmitglied, das als 3-Schicht Arbeiter jede freie Minute opferte und ehrenamtlich im Wohnungswesen und im Vorstand eine hervorragende Arbeit leistete. Vieles besprach Gerd mit ihm, aber in Parteifragen musste er sich zurückhalten, da dieses Vorstandsmitglied parteilos war. Andere Vorstandsmitglieder arbeiteten in Parteileitungen ihres Betriebes und waren somit tabu für solche Fragen, darüber hinaus fehlten die persönlichen Bindungen. Mit einem Vorstandsmitglied hatte sich allmählich eine lose Familienfreundschaft angebahnt. Gerd hatte dieses Vorstandsmitglied in Wohnungsfragen unterstützt und auch die Verbindung während eines Studiums an der Parteihochschule der KPdSU in Moskau gehalten, obwohl andere Vorstandsmitglieder das nicht unbedingt wollten. Dieses Vorstandsmitglied wurde aber nach Abschluss des Studiums in Moskau Abteilungsleiter für Grundstoffindustrie der SED-Bezirksleitung und schien damit für die tief greifenden Fragen zur SED für Gerd ebenfalls ungeeignet. Es hatte zwar einmal dargelegt, dass in jeder SED-Bezirksleitung junge Genossen auf die Ablösung der alten Garde warten würden, aber getan hat sich diesbezüglich nichts. Gerd hatte also niemanden, mit dem er offen über seine Zweifel an der Richtigkeit der SED-Führung und seinem wachsenden Widerstand, besonders in der Umsetzung der zentralen Festlegungen durch die SED-Bezirks- und Kreisleitungen sprechen konnte. So blieb er alleine mit seinem Widerspruch und versuchte ihn durch eine gute, vorwärtsdrängende Arbeit in den Hintergrund zu schieben und nicht täglich daran zu denken. Doch die gegnerische Seite dachte stündlich daran, strickte mit Hilfe des Stabschefs des MfS und dessen Gefolgsleute an dem Netz, in dem sich Gerd fangen sollte und suchte ständig in den Reihen seiner Mitarbeiter Verbündete gegen ihn zu finden. Einiges fiel Gerd auf, doch er beachtete es nicht, weil er in dem Menschen immer erst das Gute sah.

Das Netz

Als die Tochter seiner Sekretärin einen Antrag auf Ausreise stellte, und, aus welchen Gründen auch immer, nach kurzer Inhaftierung ausreisen durfte, stellte Gerd dem Stabschef die Frage, ob er sich nun von seiner Sekretärin trennen müsse. Dieser verneinte schnell: „Nein, nein! Die bleibt schön bei dir!"
Plötzlich hatte die Justitiarin eine Adresse eines so genannten Computerspezialisten, der nach verschiedenen anderen Stellen jetzt in der Plattenfertigung im Betonwerk arbeitet und pries ihn an, wie eine warme Semmel. Die AWG suchte seit längerem einen Fachmann, der die über 30.000 Mark teuren Computer aus dem An- und Verkauf, von Westbesuchen der Rentner mitgebracht, bedienen und kleine Programme schreiben konnte.
Als diese Person eingestellt war, bemerkte der Stabschef lächelnd: „Ihr habt jetzt den Computerspezialisten aus dem Betonwerk eingestellt?", und freute sich sichtlich.
Da dieser Mann aus Thüringen kam, so wie Gerd, stellte er ihm die Frage, aus welchem Grund er seine Heimat verlassen hätte. Ernüchternd war die zögerlich gegebene Antwort: Er habe etwas getan und dürfe sich da nicht mehr sehen lassen. Die würden ihn sonst totschlagen! – Leider war er schon eingestellt.
Grinsend stellte der Stabschef auch die Frage: „Du hast jetzt auch eine persönliche Mitarbeiterin? Ist das die, die im WBK in der Technologie gearbeitet hat? Die ist mir bekannt!" Gerd hatte sich diese Person auch nicht selbst ausgesucht, aber grundsätzlich einer Mitarbeiterstelle zugestimmt.
Wenn er im Nachhinein solche Fakten analysierte, kam ihm das schon seltsam vor. Der Stabschef wusste immer genau, was in Gerds Nähe passierte. Platzierte der Stabschef heimlich um Gerd seine Leute, um ihn wie seinen früheren Vorgesetzten, den damaligen Leiter der MfS-Kreisdienststelle, we-

gen Mitwisserschaft um die Angelegenheit des Stabilisators der Panzerkanone loszuwerden? Damals wollte Gerd das nicht bemerken, obwohl er es ahnte. Seine täglichen Aufgaben, die Verwirklichung seiner selbst gesteckten Ziele, die Genossenschaft an die Spitze aller Genossenschaften der DDR zu führen und diese Position auszubauen, ließen Ihn die um ihn systematisch aufgebauten Fallen nicht erkennen.

Die Heizungsüberprüfung

„Ich brauche dringend jemanden im 2. AV, der in einer Wohnung am Stadtrand eine Heizungsüberprüfung vornimmt.
Während der Überprüfung muss dringend nach etwas anderem gesehen werden." Das waren die ersten Worte, bei einer
erneuten Vorsprache des Stabschefs.
„Tut mir leid, da kann ich nicht helfen. Unsere beiden Hei-
zungsmonteure sind dir bekannt. Mit beiden wollt ihr nichts
am Hut haben, dass habt ihr deutlich zum Ausdruck gebracht.
Übrigens ist mir nicht bekannt, dass in dem bewussten Block
am Stadtrand ein Heizungsproblem steht. Das wäre mir sicher gemeldet worden." Gerd war abweisend.
„Wie sieht dann das im 2. AV aus? (Zweites Arbeitsverhältnis
– freiwillig bezahlte Arbeit in der Freizeit.) Habt ihr da keine
vertrauenswürdige Leute? Ich denke, euer Parteisekretär hilft
dort ab und zu mit. Kannst du den nicht für uns gewinnen?"
„Er verdient sich gerne etwas dazu, das stimmt. Aber immer
nur in Zusammenarbeit mit unseren Heizungsmonteuren",
bemerkte Gerd. „Ich brauche ihn deshalb erst gar nicht zu
fragen. Wenn du ihn für deine Zwecke gewinnst, ist das deine
Sache. Von uns aus kann ich ihn nicht schicken. Es liegt kein
Auftrag vor, und da ist auch nichts zu machen und nichts
abzurechnen."
Enttäuscht und mit den Worten: „Da muss ich halt weiter
sehen", war der Besuch zu Ende.
Die Angelegenheit hatte aber wieder einmal Gerds Neugier
geweckt. Als etwa eine Woche später der Parteisekretär in Gerds
Arbeitszimmer war, stellte er ihm unverblümt die Frage: „Sag
mal, hat Paule von da draußen (gemeint war die MfS-Dienststelle am Industriegebiet) mit dir gesprochen?"
„Ja", war seine kurze Antwort. Ohne eine weitere Frage fuhr er
fort: „Ich sollte bei einer vorgetäuschten Kontrolle der Hei-

zungsventile wegen angeblicher Kälte in einer anderen Wohnung mich umsehen, ob mit Hilfe eines umgebauten Radios ein Funksender zu sehen sei. Ich habe aber nichts Verdächtiges erkennen können. Damit hat sich das alles für mich erledigt."

Das ausgeschlagene Angebot

Nach seinem wöchentlichen Informationsrundgang durch die Werkstätten, wo er sich bei den Handwerkern nach aufgetretenen Problemen bei der Reparaturdurchführung und im Privaten erkundigte, wollte Gerd Kilian in Ruhe seine tägliche Papierarbeit verrichten. Es dauerte nicht lange, bis seine Sekretärin vorsichtig die Tür öffnete und auf den fragenden Blick zu reden begann: „Ich wollte nicht stören, aber da draußen sitzt Kollege Böttcher vom Rat des Bezirkes, der möchte Sie dringend sprechen."

Was hat das zu bedeuten, unangemeldet, persönlich und so früh? Mit diesen Gedanken stand er auf, um seinen bezirklichen Vorgesetzten, das Mitglied des Rates des Bezirkes für Wohnungspolitik, an der Tür herzlich zu begrüßen.

„Hallo Wolfgang, so früh schon zu Besuch? Was verschafft mir die große Ehre? Komm herein."

Nach kurzer Begrüßung mit den Floskeln: Wie geht's, alles in Ordnung, wurde der Gesichtsausdruck des Kollegen Böttcher deutlich ernster.

„Ich habe mit dir eine bestimmte Angelegenheit zu besprechen, aber das kann ich nicht hier in deinem Zimmer klären. Lass uns woanders hin gehen, eventuell in den Clubraum nebenan." Der zuvor angebotene Platz wurde ignoriert, der angebotene Kaffee dankend abgelehnt.

Kilian schoss es durch den Kopf: Etwas Wichtiges, aber nicht in meinem Arbeitszimmer, was soll das sein? Warum nicht hier? Wusste Kollege Böttcher vielleicht, dass sein Arbeitszimmer abgehört wurde, oder war es nur eine böse Vermutung. Vielleicht befürchtete er aber auch, dass trotz gepolsterter Tür zum Sekretariat die Sekretärin lauschte. All diese Fragen waren schnell verflogen, als beide im Clubraum waren.

„Ich komme im persönlichen Auftrag des Bernd Bachmann, unseres Vorsitzenden des Rates des Bezirkes." Böttcher legte eine kleine Pause ein, um seinen Worten mehr Nachdruck zu verleihen, bevor er fortfuhr.

„Ohne Umschweife, ich habe dich in seinem Namen zu fragen, ob du bereit bist, sofort die Groß-AWG der Bezirksstadt zu übernehmen. Deine Entscheidung brauche ich jetzt sofort!" Das war also die wichtige Botschaft, die Kollege Böttcher nicht in Gerds Arbeitszimmer zu übermitteln wagte. Mit vielem hatte Gerd Kilian gerechnet, aber damit nicht. Die Arbeiterwohnungsbaugenossenschaft der Bezirksstadt, die größte AWG der DDR, war lange nicht so gut organisiert, geleitet und strukturiert wie die in Bornstett, war dennoch eine reizende und verantwortungsvolle Aufgabe. Gerd überlegte kurz. Ist das Verlangen nur als sozialistische Hilfe gedacht, bis zur nächsten Vorstandswahl oder sofort mit voller Verantwortung? Er und der andere Vorsitzende sind von den Mitgliedern der Genossenschaften gewählt und können demnach auch nur von diesen wieder abgewählt werden. Will der Rat des Bezirkes die genossenschaftlichen Gesetze der DDR einfach ignorieren? Über die Köpfe der Genossenschafter hinweg entscheiden, sie praktisch entmündigen? Wenn er in die Bezirksstadt geht, braucht er das Votum der dortigen Mitglieder. Was wird mit seiner bisherigen Arbeit in Bornstett? Wird unter anderer Leitung seine Genossenschaft auch weiterhin eine Führungsrolle im DDR-Maßstab einnehmen? Gerd hing an seiner Genossenschaft. War mit der neuen Aufgabe auch ein Wohnungsumzug verbunden? Was würde seine Frau dazu sagen, die ja auch eine verantwortungsvolle Arbeit im BKK hatte und nach seinem Verständnis bei einem Umzug in die Bezirksstadt mitzureden hatte. – Viele andere Fragen schwirrten durch seinen Kopf und jede von ihnen wollte in diesem Moment die wichtigste sein.

Es war Böttcher anzusehen, dass er wusste, was in Kilian jetzt vorging. So fuhr er fort: „Um es gleich zu erläutern muss ich noch ergänzend sagen, dass deine Bereitschaft der Bitte von Bernd Bachmann zu folgen, natürlich einen Umzug zum Bezirk bedeutet. Das wird schnell gehen, denn die zu übernehmende Aufgabe ist keine sozialistische Hilfe, auch nicht vorübergehend. Es soll eine Dauerlösung sein."

„Was wird mit meiner bisherigen Arbeit hier? Ich bin doch von den Genossenschaftern gewählt", brachte Kilian fragend heraus, immer noch stark beeindruckt von der ihm aufgebürdeten Entscheidung.

„Du kannst doch vorher ausscheiden, ohne die Delegierten zu fragen, das ist möglich. Alles andere, wie es hier weitergeht und wie es die Genossenschafter erfahren, klären wir. Das ist nicht deine Aufgabe", beruhigte ihn Böttcher.

„Du wirst verstehen, wenn ich in eine andere Stadt umziehen muss, möchte ich kurz mit meiner Frau sprechen, denn ein Wohnungsumzug betrifft sie genauso wie mich." Mit diesen Worten wollte Gerd zum Telefon greifen.

„Halt! Deine Frau kannst du jetzt nicht fragen. Das geht nicht! Du hast dich hier sofort zu entscheiden." Das waren deutliche Worte, die Kilian da hörte.

„Wenn ich meine Frau jetzt nicht telefonisch sprechen kann, fahre ich sofort zu ihr. Du kannst meine Antwort auf dem Weg zum Bezirk mitnehmen, das BKK liegt ja auf der halben Strecke", versuchte sich Gerd etwas Luft zu verschaffen.

Kollege Böttcher zeigte Unruhe. Sicher hatte er sich ein schnelles „ja" gewünscht.

„Ich habe deutlich gesagt, dass du dich hier sofort entscheiden musst, ohne Telefonat und ohne persönliche Rücksprache. Und mich brauchst du auch nicht zu fragen, was du machen sollst, von mir bekommst du keinen Hinweis und keine Hilfe. Das hier ist nur deine Entscheidung!"

So kannte Kilian seinen Vorgesetzten vom Bezirk eigentlich nicht. Beide hatten sich bisher immer kameradschaftlich ergänzt und unterstützt und jetzt diese harten und bestimmenden Worte.

„In der AWG der Bezirksstadt ist doch niemand vom BKK delegiert", wollte Gerd nun wissen.

„Das klären wir!", war die lakonische Antwort seines Vorgesetzen und er fügte ungeduldig hinzu: „Was ist nun, was kann ich dem Bernd Bachmann berichten?"

Kilian schoss es durch den Kopf: Hier in seinem bisherigen Verantwortungsbereich entschied er, was in der Genossenschaft geschah, der Vorstand lag im Wesentlichen auf der gleichen Wellenlänge. Die örtlichen Organe der Stadt und des Kreises kannten seine Arbeit und redeten ihm nicht rein, wussten sie doch, dass unter den gegebenen sozialistischen Bedingungen eine optimale Wohnungspolitik und Versorgung der Genossenschafter erfolgte, besser, als auf der staatlichen Seite. Mit den Leitern der Betriebe und Einrichtungen bestand ein gutes Verhältnis und von der SED-Kreisleitung ließ er sich nicht in die genossenschaftlichen Belange hineinreden. Erfolgreich hatte er die vielen diesbezüglichen Versuche abgewiesen, auch wenn er es oft danach durch Repressalien zu spüren bekam. Damit lebte er.

Wie sollte es aber in der Bezirksstadt werden? Hier saßen Kräfte von der Stadt- bis zur Bezirksverwaltung, die es nicht gewöhnt waren, sich aus den genossenschaftlichen Problemen herauszuhalten. So wie ihm bekannt war, mischten da alle gerne mit. Wie sollte seine neue Stellung eigentlich sein? Ausscheiden aus dem Vorstand, das war während der Wahlperiode möglich, aber eine Kooptierung in den Vorstand mit der Maßgabe, sofort als Vorsitzender zu wirken, ohne Mitglied der dortigen Genossenschaft zu sein, das ließ das Genossenschaftsgesetz nicht zu. Alle Vorstandsmitglieder hätten ihn ja als ihren Vorsitzenden wählen müssen. So einfach, wie gedacht, war das nach seiner Meinung nicht zu machen, außer mit einer Vergewaltigung der innergenossenschaftlichen Demokratie. Seine Arbeit in der Bezirks-Genossenschaft wäre also nur legitim gewesen, wenn er durch eine Delegiertenkonferenz als Vorstandsmitglied und vom Vorstand als ihr Vorsitzender gewählt wurde. Das war aber nicht vorgesehen. Warum hatte Böttcher diese Probleme mit ihm nicht angesprochen und einen möglichen Weg gesucht, der sicher gefunden worden wäre. Er kannte doch das genossenschaftliche Prozedere und war für dessen Einhaltung mit verantwortlich.

„Noch eine Frage, Wolfgang, vor meiner Entscheidung. Wenn ich zusage, muss doch sofort eine Delegiertenkonferenz der dortigen Genossenschaftsvertreter, mit meiner Wahl zum Ziel, einberufen werden. Ein Einsatz ohne Wahl durch die Delegierten und den Vorstand, wäre ein klarer Verstoß gegen das Genossenschaftsgesetz und das wäre nicht rechtens. Ich hätte also dort keine Legitimation. Wie ist der Einsatz vorgesehen?"

Diese Frage war von Böttcher nicht erwartet worden. Dementsprechend ernst und energisch war die Antwort. „Wie wir das machen, ist unsere Angelegenheit. Das hat dich überhaupt nicht zu interessieren!"

Kilian schluckte. Wenn das Genossenschaftsgesetz in einer Genossenschaft und bei staatlichen Organen keine Rolle spielt, welcher Anarchismus soll dann die Entwicklung und weitere Arbeit in der Genossenschaft bestimmen? Es war ihm jetzt klar. Er sollte eine eingesetzte Marionette staatlicher und parteilicher Organe sein. Das nicht!

„Bitte, Wolfgang", begann zögernd Kilian seine Entscheidung zu formulieren, „bitte übermittle dem Bernd Bachmann meine Grüße, sage ihm, ich bedanke mich sehr herzlich für das große Vertrauen, das er mir mit seinem Ansinnen entgegengebracht hat, aber ich kann seiner Bitte keine Folge leisten. Ich bedaure, unter diesen Umständen, die hier angesprochen wurden, absagen zu müssen."

Damit hatte Kollege Böttcher nicht gerechnet. Sofort stand er auf, der Ausdruck des Unerwarteten lag auf seinem Gesicht. Eigentlich hätte er als Mitglied der NDPD (Nationaldemokratisch Partei Deutschlands) den Mut eines Genossen der SED sich gegen das SED-Bestreben, die vorgesehene grobe Gesetzesverletzung und die gewaltsame, unberechtigte Einmischung in die innergenossenschaftliche Demokratie zu stellen, freuen müssen. Aber vielleicht stand er selbst bei Nichterreichung des aufgetragenen Zieles durch den Vorsitzenden des Rates des Bezirkes im schlechten Licht und unter Kritik. Noch vor der sehr förmlichen Verabschiedung betonte er mit ernster Miene energisch und ausdrücklich: „Das wir uns richtig verstehen, ich bin heute nicht bei dir gewesen und das Gespräch hat nicht stattgefunden! Haben wir uns verstanden?" „Ist schon klar", bemerkte Kilian kleinlaut, und er wusste, dass diese Absage für ihn irgendwann entscheidende Konsequenzen haben würde. Dennoch, seine Meinung hatte sich verfestigt. Wenn er durch die Macht des Rates des Bezirkes und damit in Übereinstimmung mit der SED-Bezirksleitung, unter grober Gesetzesverletzung vorsätzlich in eine ausdrückliche Wahlfunktion eingesetzt werden sollte, war er auf Gedeih und Verderb von diesen Leuten abhängig und eine Marionette der SED wollte er auf keinen Fall sein. Die ständige Einmischung dieser Leute war ihm sicher und er konnte sich nicht auf die Wahl durch die Genossenschaftsvertreter berufen, wenn er solchen Versuchen widersprach und sich mit seinem Tun und Handeln offen gegen das Bestreben dieser Leute stellen würde, und das würde er müssen.

Seine Entscheidung befand er, bei allen voraussehbaren Konsequenzen, für richtig.

Die ITR

Dem Generaldirektor des VEB Braunkohlekombinates und Mitglied des Zentralkomitees der SED fiel es ein, mit allen Leitern von Betrieben und Genossenschaften der Stadt Bornstett eine „Interessengemeinschaft Territoriale Rationalisierung" (ITR) zu gründen. Anlass war eine ähnliche Aktion, die der damalige Generaldirektor vom VEB Carl Zeiss Jena für die Stadt Jena inszeniert hatte und beim ZK der SED großen Anklang fand.

Die ITR in Bornstett hatte die Aufgabe, ungelöste Schwerpunkte des Territoriums außerhalb des Volkswirtschaftsplanes aufzugreifen und mit Hilfe von zusätzlichen Leistungen der Betriebe und Genossenschaften zu lösen.

Die Durchführung der monatlichen Beratungen erfolgte unter persönlicher Leitung des GD des BKK. Er hatte zur Leitung und Koordinierung dieser ITR mehrere Mitarbeiter seines Kombinates ständig und teils zeitweise freigestellt.

Zusätzlich hatte er noch einen persönlichen Betreuer im Sonderauftrag für die Stadt, der dem Leiter des ITR-Büros nicht unterstand, seine Aufgaben direkt vom GD erhielt und ausschließlich ihm rechenschaftspflichtig war. Welche Sonderaufgaben dort noch erfüllt wurden, ist nicht bekannt.

Auch Gerd Kilian musste in dieser ITR mitarbeiten. Offenherzig und optimistisch unterbreitete er zu den Beratungen seine Vorschläge, so, wie er es schon immer im Interesse der Stadt beim Bürgermeister und in anderen Gremien getan hatte. Als ein Stück Straßenneubau auf der Kreuzung vor dem Konsum-Warenhaus in der Stadtmitte der Neustadt zur Diskussion stand, der durch die vielen bisherigen Flickarbeiten kaum noch zu befahren war, unterbreitete Gerd öffentlich den Vorschlag, in Verlängerung einer Straße gleich eine Hotelzufahrt für das „Gästehaus" mitzubauen, die bisher völlig fehlte. Das

Hotel konnte bislang nur über Umwege von hinten angefahren werden. Der GD ging in der Beratung auf den Vorschlag nicht ein, schaute grimmig und forderte Gerd jedoch auf, nach der Beratung noch im Raum zu bleiben.

„Wenn du noch einmal solche Vorschläge öffentlich unterbreitest, ohne sie mit mir vorher abgestimmt zu haben", prustete der GD offensichtlich stark verärgert heraus, „kannst du von mir was erleben!"

Auf Gerds fragenden Blick betonte der GD nochmals kopfnickend: „Ja, dann kannst du was erleben! Ich habe die ITR ins Leben gerufen und damit entscheide ich auch!" Damit verschwand er aus der Tür, ohne eine Frage zuzulassen. Warum diese drohende Vorhaltung? War das das hoch gepriesene demokratische Miteinander in der ITR? Durfte in diesem Gremium kein Vorschlag unterbreitet werden, der nicht die vorherige Absegnung des GD hatte? Freies Denken und aktive Mitarbeit waren also nicht gefragt. – Hatte der GD mit seiner Äußerung nicht gerade die Mitarbeiter der ITR, die ja nicht freiwillig gekommen waren, sie mussten ja, wenn ein ZK-Mitglied eingeladen hatte, als stumpfe Befehlsempfänger degradiert? Gerd empfand es jedenfalls so.

Sein Vorschlag wurde erst nach der Wende im Zuge eines nochmaligen Umbaues dieser Kreuzung realisiert. Wer seinen Vorschlag über die Wende rettete, ist nicht bekannt. Zu diesem Zeitpunkt war aber schon abzusehen, dass das Gästehaus in der Stadt keine Zukunft hatte. Neue Hotels waren inzwischen errichtet.

Ein anderer Vorschlag von Gerd, neben dem großen neuen Kulturhaus ein Hotel zu bauen, wurde zu DDR-Zeiten auch abgelehnt, jedoch nach der Wende verwirklicht, fast so, wie er es vorgeschlagen hatte. Die Bezirkszeitung berichtete hierüber und Gerd freute sich über die Verwirklichung seiner Idee.

DIE GRENZEN DER MACHT

Der Montag zwischen den Geschäftsleitungssitzungen in der Genossenschaft stand den Abteilungsleitern zur Beratung und Arbeit mit ihren Mitarbeitern zur Verfügung, Sprechstunden wurden ausgewertet, interne genossenschaftliche Schwerpunkte analysiert und neue Aufgaben gestellt. Dieser Tag, der einzige in der Woche, war für alles andere, auch für Fragen der Genossenschafter zu Wohnungsangelegenheiten, tabu.

Ganz aufgeregt kam die Abteilungsleiterin für das Wohnungswesen in Gerds Dienstzimmer und bat ihn, ihr doch bitte zu helfen, sie wisse nicht weiter und habe doch an ihrem Tisch ihre Mitarbeiter zur Arbeitsberatung sitzen. Ein Genosse sowieso von der SED-Bezirksparteischule verlange von ihr, sich sofort mit ihm, wegen einer Wohnungsangelegenheit zu treffen. Er stünde beim Pförtner und würde sich nicht abweisen lassen. Dreimal habe er den Pförtner schon gezwungen bei ihr anzurufen, nun würde er nur noch fünf Minuten warten, dann würde er sich bei der SED-Kreisleitung über die schlechte Arbeitsweise der AWG beschweren.

Die Abteilungsleiterin zitterte förmlich vor Aufregung und ergänzte: „Angemeldet hat er sich nicht, um was es ihm geht ist nicht bekannt. Einen anderen Zeitpunkt als jetzt, lehnt er kategorisch ab. Kannst du mir nicht helfen? Ich muss doch meine Arbeitsberatung fortführen."

Gerd hatte die aufgeregte Abteilungsleiterin beruhigt und bat über den Pförtner den unangemeldeten, teuren Genossen ans Telefon. Auch ihm offenbarte er nicht sein angebliches Wohnungsproblem und drohte erneut, zur SED-Kreisleitung zu gehen. Gerd beendete das Telefonat mit den Worten: „Dann musst du eben zur Kreisleitung gehen."

Kurze Zeit später meldete sich die Sekretärin des 1. Sekretärs und verlangte, angeblich im Auftrag, das sofortige Gespräch mit dem teuren Genossen der SED-Bezirkparteischule. Den Grund der Abweisung und das Angebot eines anderen Termins, wollte sie gar nicht wissen. Mit vorgehaltener Hand am Telefonhörer, sprach sie mit einer anderen Person im Zimmer, lehnte dann ebenfalls einen neuen Termin ab und verlangte ebenfalls die sofortige Bearbeitung der Angelegenheit des Genossen. Doch Gerd blieb bei seiner Entscheidung.

Das Telefon klingelte kurze Zeit später erneut. Die Stimme des Pförtners am Telefon war aufgeregt und entschuldigend meldete er: „Da kommt jetzt so ein Kleiner als Sekretär von da drüben (gemeint war die SED-Kreisleitung) mit Sonderausweis zu dir. Mit dem Ausweis muss ich ihn ja durchlassen, da kann ich nichts machen."

Gerade hatte Gerd den Hörer aufgelegt, als ihm seine Sekretärin den Sekretär für Landwirtschaft der SED-Kreisleitung meldete. Die Sekretärin war noch nicht ganz aus dem Zimmer, da stand er schon in der Tür und begann seine Worte mit lauter Stimme, die die Schlagadern am Hals hervortreten ließ: „Da der Erste und sein erster Stellvertreter zu einer Beratung sind, bin ich jetzt der amtierende Erste und verlange von dir, dass die Wohnungsangelegenheit des Genossen von der Bezirksparteischule sofort geklärt wird. Hast du das verstanden?" Den letzten Satz schrie er förmlich heraus.

Das war für Gerd dann doch zu viel. Er erhob sich von seinem Arbeitsplatz und erklärte in normaler Stimmlage: „Du irrst dich! Ich werde niemanden aus einer Arbeitsberatung holen, um ein Wohnungsproblem zu klären, was auch mir nicht anvertraut wurde. Für wen auch immer!"

Gerd ging langsam zur Tür und öffnete sie. Seine Stimme wurde immer lauter.

„Noch eins solltest du wissen. Es gibt nur eine Person, die das Recht hat, in diesem Zimmer laut zu werden. Und das bin ich! – Und nun raus mit dir! Wenn du wieder auf dem Boden

der Realität bist, können wir uns gerne nochmals unterhalten. Aber nun, raus mit dir! – Raus!"
Es blieb dem verdutzten Sekretär für Landwirtschaft als amtierenden Ersten nichts anderes übrig, als den Raum zu verlassen. Vielleicht hatte er auch Angst, Gerd würde handgreiflich werden, wie der jetzt gebrüllt hatte. Lautstark schloss Gerd die Tür und war froh, den Gernegroß los zu sein.

DER KOMMUNIST

„Du bist kein Kommunist?", wollte der Stabschef nach einer kurzen Begrüßung wissen. „Hast du nicht die letzte Rede vom Genossen Honecker gesehen, gehört oder gelesen, wo er den Aufbau des Sozialismus würdigte und verkündete, dass nunmehr in der DDR der Kommunismus aufgebaut würde und an der Spitze des Aufbaues die Genossen Kommunisten der SED stehen? Das willst du nicht gewusst haben?"
Gerd sah sich ertappt. „Woher willst du wissen, dass ich kein Kommunist bin? Ich habe doch mit dir darüber nicht gesprochen."
„Es hat sich halt so herum gesprochen, dass du dich gegenüber bestimmter Personen so geäußert hast", grinste der Stabschef höhnisch. „Du siehst, wir wissen alles!"
Gerd erinnerte sich. Sein Parteisekretär kam vor zwei Tagen von einer Anleitung in der SED-Kreisleitung und stellte ihm unmittelbar danach die Frage nach seiner Meinung, dass nun alle Genossen der SED in der DDR Kommunisten seien. Gerd hatte ihm offen seine Meinung dazu gesagt. Das Gespräch war schnell zu Ende. Auch sein langjähriger Stellvertreter, Mitglied der genossenschaftlichen Parteileitung, kam kurze Zeit später zu ihm und hatte sinngemäß die gleiche Fragestellung, jedoch anders verpackt, indem er von seinem Schwiegervater ausging, der sich im Grabe umdrehen würde, wenn er wüsste, dass wir nun alle Kommunisten seien. Dann wollte er direkt wissen, was er davon hält. Gerd hatte auch ihm, wie vorher dem Parteisekretär, ein offene Antwort gegeben. Interessant schien die Tatsache, dass sein Stellvertreter einen Tag später die gleiche Frage stellte, wieder untermauert mit seinem Schwiegervater. Natürlich mit der gleichen Antwort, wie sollte es anders sein.
So war das also! Gerd war wieder einmal von engsten Mitarbeitern ausgehorcht worden. Mindestens einer von beiden,

in Abstimmung vielleicht auch beide, hatten seine offene Meinung weitergetragen, über die SED-Kreisleitung zur Stasi, oder auch beides. Wie hätte sonst der Stabschef seine Meinung zu Honeckers unrealistischer Vorgabe kennen können.

„Nein, ich bin kein Kommunist und werde es bis zu meinem Lebensende auch nicht werden!

Wenn du Karl Marx, Engels und auch Lenin einigermaßen richtig gelesen hättest, würdest du mich auch verstehen. Wenn sich jemand nach Honeckers Rede Kommunist nennen möchte, soll er das doch tun. Kommunist sein, heißt für mich mehr, als nur ein Lippenbekenntnis abzugeben.

Wenn Honecker die Auffassung vertritt, mit einer solchen Parole von den Problemen und Sorgen in der DDR ablenken zu können, ist das nicht meine Sache, und das weißt du genau!"

TAGUNG BAUAKADEMIE

Die Bauakademie der DDR, Bereich Wohnungs- und Gesellschaftsbau, deren Mitglied auch der Direktor des Wohnungsbaukombinates, Sitz Bornstett war, hatte ihren nächsten Tagungsort in unseren Bezirk gelegt. Es war dem Direktor des WBK zu verdanken, dass je ein Vertreter des staatlichen und genossenschaftlichen Rechtsträgers der Wohnungen mit vorgegebenen Diskussionsbeiträgen an dieser Beratung teilnehmen konnte. Hauptthema der Beratung war die nachträgliche Behebung und Sanierung von Bauschäden an Neubaublöcken. Während der staatliche Rechtsträger der Wohnungen die Beratung einfach ignorierte, nahm Gerd Kilian als Vertreter der genossenschaftlichen Wohnungen an der Beratung teil. Sein Technischer Leiter sollte eine Zuarbeit zum Diskussionsbeitrag mit von ihm vorgegebenen Schwerpunkten anfertigen. Leider konnte Gerd die Zuarbeit nicht verwenden. Seine vorgegebenen Schwerpunkte schienen dem Technischen Leiter wahrscheinlich zu offen und zu fordernd und waren somit nicht einmal andeutungsweise in den zwei Blatt Papier enthalten. Die Zuarbeit schien Gerd eine oberflächliche Schönfärberei der tatsächlich vorhandenen Probleme und Sorgen in der Werterhaltung zu sein. Noch einmal alles neu zu formulieren und aufzuschreiben, war nicht möglich, es fehlte die Zeit.

Das Hauptreferat der Tagung befasste sich mit eindringender Feuchtigkeit in die Wohnungen durch Rissbildung in Außenwandplatten, undichter Fugen und Fenster, die auch den Straßenlärm nicht genug reduzierten. Die hohen Anstrengungen der Bauakademie zur nachträglichen Beseitigung dieser Mängel wurden mehrfach hervorgehoben. Auch die vorgeschriebenen anderen Diskussionsbeiträge befassten sich mit den hohen Anstrengungen und Aufwendungen von Betrieben und Institutionen, die vorhandenen Mängel nachträglich zu mindern. Vollständig zu beseitigen waren sie ja nicht mehr. Als nun auch noch der WBS 70 Typ (Wohnungsbausystem 70) als hervorragende Weiterentwicklung dargestellt und als I-Punkt die Neuentwicklung eines Fensters mit einer Drei-Scheiben-Verglasung obenauf gesetzt wurde, die in den nächsten Jahren zum Einsatz kommen sollte, reichte es Gerd. Mit ein paar Stichworten auf einem kleinen Handzettel meldete er sich zu Wort.

Nach einem höflichen Anfang, wendete er geschickt seine Ausführungen in die Forderung doch alles Wissen und Können, sowie die hohen Aufwendungen zur Minderung vorhandener Mängel im Wohnungs- und Gesellschaftsbau, doch lieber in die Konstruktion und Fertigung der Wohnungsbauplatten zu stecken, um eine hohe Passgenauigkeit und Fertigungsqualität zu erreichen, damit die hier angesprochenen Fehler und Mängel von Anfang an vermieden würden. Es wäre besser qualitätsgerecht zu produzieren, als nachträglich teuer zu reparieren.

Es war Ruhe im Raum, als müsse man sich von einem schweren Schlag erst einmal erholen und Gerd legte nach. Er kritisierte die in WBS 70 viel zu kleinen Zimmer, gab die Äußerungen seiner Mitglieder weiter, die die kleinen Zimmer als Karnickelställe bezeichneten und forderte die Anwesenden der Bauakademie auf, so zu planen und vorzubereiten, dass langsam auch in der DDR jeder Bürger seine Wohnung in Größe und Zuschnitt, seinem Bedarf gerecht, bekommt und nicht mehr eine Wohnung von der Stange, denn die Forderung der SED „für jeden Bürger eine Wohnung", war ja in „jedem Bürger seine Wohnung" umformuliert worden.

Gerd sprach aus der Praxis, kritisierte die ungenügende Bereitstellung von Ersatzmaterial für die Werterhaltung allgemein und sprach speziell die Fenster im WBS 70 als „gelungene Neuentwicklung" an, die zu den Vorgängertyp in Länge und Breite um nur ein- bis zwei Zentimeter differierten, wodurch die Ersatzteilhaltung noch schwieriger wurde.

Sein Dank galt dann dem WBK, ohne dessen Hilfe mit Material, manche Wohnung nicht sofort repariert worden wäre.

Als er vom Rednerpult trat, sprang sofort der Beratungsleiter vom Präsidium auf und forderte von Gerd, noch auf dem Weg zu seinem Platz, die Aufzeichnungen zu seiner Diskussion. Lächelnd überließ Gerd die nicht genutzte Zuarbeit seines Technischen Leiters.

Für ihn war noch interessant, dass in einer Beratungspause zwei unbekannte Anwesende zu ihm kamen, sich über die offenen Worte anerkennend äußerten und meinten: Es hätte nur noch gefehlt, zu fordern, lieber ein paar Wohnungen weniger zu bauen und dafür Ersatzteile zu fertigen. Verschmitzt war Gerds Antwort: „Und warum tun Sie das nicht?"

Der Verbrennungsofen

„Welche Erfahrungen haben denn deine Maurer mit dem Feuerungsbau?", wollte der Stabschef im Frühjahr 1988 wissen. „Weiß ich nicht. Mussten wir auch noch nicht ausführen. Wenn es aber um den Einsatz von Schamotte in einem Herd oder Kamin geht, lässt sich sicher etwas machen", war Gerds Antwort.

„Nein, darum geht es mir nicht. Ich brauche einen richtigen Verbrennungsofen auf unserem Hof im Industriegebiet, wo wir alte Unterlagen, die nicht mehr benötigt werden, ordnungsgemäß verbrennen können. – Ja, die müssen verbrannt werden, damit sie niemals in falsche Hände kommen."

„Nein, da kann ich nicht helfen, einen solchen Verbrennungsofen, ohne jegliche technische Vorgabe, können wir nicht bauen. Warum nutzt ihr nicht die Ziegelei in der Erfurter Straße oder gar die Kohleveredlungsanlage im Braunkohlekombinat zur Verbrennung eurer alten Akten? Ihr könnt euch auch eine Blechtonne in euren Hof stellen und macht alles ein bisschen provisorisch? Das dauert ein wenig länger, aber ihr habt doch genug Leute."

„Die beiden Betriebe nutzen wir schon, aber wir können da auch nicht jeden Tag hinfahren, zumal wir in der nächsten Zeit größere Mengen zu vernichten haben. Außerdem müssen von uns bei der Vernichtung immer zwei Mann dabei sein, zur Sicherheit!"

Nach einigen Wochen lenkt Gerd neugierig das Gespräch erneut auf die Vernichtung von Akten. Die Antwort war klar. „Wir haben uns selbst geholfen und auf unserem Gelände im Hof provisorisch etwas gebaut. Das geht zwar etwas langsam, aber es klappt."

Die Freimaurer

Neben den allgemeinen Wohnungsfragen stand bei einem erneuten Gespräch mit dem Stabschef ein weiteres Schwerpunktproblem im Mittelpunkt. Ohne groß darum herumzureden, kam er gleich zur Sache: „Es gibt eine zentrale Festlegung, dass sich in der DDR die Freimaurer gründen und vereinen können und von uns wird diese Sache voll unterstützt."

Misstrauisch schaute Gerd den Stabschef an. „Freimaurer – bei uns?"

„Ja, bei uns! Das ist von uns sehr ernst gemeint. Wir werden die Freimaurer nach unseren Kräften unterstützen. – Es gibt in der DDR viele intellektuelle Personen, die auf verschiedenen Gebieten eine sehr gute fachliche Arbeit leisten, aber dennoch mit einigen Punkten unserer Politik nicht einverstanden sind und ihre eigenen Wege gehen. Wir wollen mit der Gründung der Freimaurer als Verein oder Gesellschaft diesen vielen Intellektuellen und anderen, die teilweise in anderen Parteien sind, oder überhaupt keine Bindung zur Gesellschaft haben, die Möglichkeit geben, sich zu finden, zu vereinen und so zu einer selbstständigen Kraft zu werden. Dazu brauchen wir einen fähigen, intelligenten und erfahrenen Genossen, dem die Menschen vertrauen und der sich an die Spitze des Kreisverbandes zur Wahl stellt. Das wird alles von uns im Hintergrund organisiert und vorbereitet. Du bist vorgesehen, dieser Mann zu sein, und wir erwarten von dir, dass du hierzu deine Zustimmung gibst. Das ist alles mit allen verantwortlichen Stellen, bis oben hin, abgestimmt."

„Ich kann das noch gar nicht fassen! Freimaurer bei uns in der DDR und ihr setzt alles daran, dass sich eventuell interessierte Leute finden, die sich öffentlich zusammenschließen wollen und die bisher teils ablehnend zur SED stehen? Und ausgerechnet ich, der zwar im Allgemeinen, aber auch nur oberflächlich, die Ideen und Grundgedanken der Freimaurer kennt, aber keinerlei Einzelheiten über deren Arbeit und Entwicklung im vergangenen Zeitalter hat, soll die Leitung übernehmen? Ich, der mit Praktiken und Machenschaften der SED-Kreisleitung und anderen Sachen nicht einverstanden ist, das weißt du, soll einer Kreisvereinigung der Freimaurer vorstehen? – Wie stellt ihr euch das eigentlich vor?" Gerd war bei diesen Worten sehr skeptisch. Er traute dem Stabschef nicht. Das MfS organisiert eine Vereinigung anders denkender Menschen in der DDR, die nicht zu jeder Festlegung von Partei und Regierung hurra schreien, die eigene, bessere, jedenfalls andere Gedanken und Vorstellungen zur Entwicklung der DDR haben und diese gerne verwirklichen würden, aber nicht können oder dürfen? Vielleicht sollte alles auch nur eine geschickt gestellte Falle für ihn sein, um ihn zu testen, auszuforschen. Zuzutrauen war es ihnen allemal.

„Da brauchst du dir keine Gedanken zu machen. Die notwendige Literatur über die Entstehung und Entwicklung, der Arbeit und Ziele der Freimaurer, jetzt auch in der DDR, bekommst du natürlich von uns. Das ist selbstverständlich! Wir haben das alles schon vorbereitet. Jetzt brauchen wir nur noch deine Zustimmung und alles andere ist dann erst einmal unsere Sache."

Das sind doch Gauner, schoss es Gerd durch den Kopf. Die sind ja noch schlimmer als er bisher gedacht hatte. Nun soll er es sein, der die anders denkenden Menschen, die nicht in irgendeiner Partei abgeschöpft wurden, zusammenhalten soll, um möglichst jede noch so kleine Aktivität an entsprechender Stelle zu berichten. – So nicht! Mit mir nicht! Vielleicht, oder sogar sicher, saßen dann die entsprechenden Stasi-Leute unter den so genannten Freimaurern, lenkten und entschieden alle Aktivitäten nach Vorgaben der SED und Stasi mit ihm als ihrem Handlanger an der Spitze. Das war für ihn unannehmbar! Er war für strikte Einhaltung gesetzlicher Festlegungen und betrieblicher Bestimmungen, da war er auch unduldsam, genau und konsequent, aber andere Menschen täuschen und sie durch Weitergabe von Meinungen und Äußerungen gar in Schwierigkeiten bringen, nein, das war nicht mit ihm zu machen! Doch als Kreisverantwortlicher der Freimaurer, unter Schirmherrschaft der Stasi, hätte das bestimmt gang und gäbe sein müssen. Das konnte er nicht, das wollte er nicht!

Die weiteren Worte des Stabschefs versuchten immer wieder, Gerd die Übernahme des Kreisverantwortlichen schmackhaft zu machen. Doch sie waren vergebens. Der Stabschef, sichtlich sehr enttäuscht, musste die Ablehnung von Gerd entgegennehmen, mit den zwei Hauptargumenten:

1. Gerd war nur bereit, etwas zu übernehmen und zu führen, von dem er überzeugt war, deren Thematik der Geschichte und Gegenwart er kannte und sich identifizieren konnte. Das traf hier nicht zu, auch bei weiterer guten Zurede nicht.

2. Seine bereits jetzt vorhandenen vielen gesellschaftlichen Verpflichtungen reizten seine Freizeit über Maßen voll aus, sodass für eine weitere ehrenamtliche Arbeit keine Zeit mehr zur Verfügung stand.

Selbst für sich schätzte er ein, dass mit ein bisschen guten Willen das noch zu machen gewesen wäre, aber er wollte aus vorgenannten Gründen nicht!

Etwa 6 bis 8 Wochen später stand in großen Lettern in der Bezirkszeitung, dass eine Vereinigung der Freimaurer im Kreis Bornstett stattgefunden hat. An der Spitz stand jetzt ein Fachdirektor des Braunkohlekombinates, der in Bornstett wohnte.

DAS GEPLANTE LAGER

Die Bezirksschule der Zivilverteidigung (ZV) unseres Bezirkes, die sich in einer Barackensiedlung im Alten Lager in der Stadt Bornstett befand, war aus strategischen Gründen in die Bezirksstadt verlegt worden. Nur das etwa 8 Hektar große Übungsobjekt der ZV, eine ehemalige Ziegelei, die angeblich 1974 von Privat- in Volkseigentum übergegangen und dann stillgelegt worden war, war durch geschickte Ablagerung von, für den Wohnungsbau unbrauchbaren Betonplatten, durch das WBK als echtes Stadttrümmerfeld einer Plattenbaustadt gestaltet worden und wurde weiter genutzt, vorwiegend durch die kreislichen Führungskräfte der ZV. Selbst die beiden Gebäude auf dem Gelände passten sich hervorragend diesem Trümmerfeld an. Sie waren durch Farbe so gestaltet, als ob sie unter starker Hitze ausgebrannt seien.

Überraschend für Gerd Kilian kam sein Parteisekretär, der gleichzeitig auch der Kommandeur des ZV-Führungszuges des Kreises war, nach einer Beratung des hauptamtlichen ZV-Stabes des Kreises zu ihm und informierte, dass die beiden Gebäude im ZV-Übungsobjekt bis Dezember 1989 zur Dauerunterbringung von 120 Personen kurzfristig herzurichten seien. Er sei beauftragt, Gerd vom Stab zu übermitteln, dass speziell die Klempnerarbeiten durch die Handwerker der AWG zu erledigen seien, und Gerd hätte das zu veranlassen.

Gerd kannte das ZV-Übungsobjekt durch zwei Besuche mit dem kreislichen Führungszug. Er wusste, eine kurze, primitive Übernachtungsmöglichkeit für einen ZV-Zug von etwa 20 bis 30 Mann war gegeben. Warum nun ein Ausbau auf die Größe von 120 Mann, wo doch die ZV-Bezirksschule in die Bezirksstadt verlegt worden war?

„Was soll das? Wieso und warum soll jetzt eine so große Ausbaustufe im ZV-Übungsobjekt erfolgen, wo doch die ZV-Bezirksschule verlegt wurde?" Gerd war wieder misstrauisch und vermutete mehr dahinter, als er dem Parteisekretär sagte. „Ich kann deiner Argumentation nicht folgen, dass das ZV-Übungsobjekt für längere Lehrgänge der Bezirksschule der ZV ausgebaut werden soll und dass wir und andere Betriebe im Kreis, nebenbei diese Ausbauarbeiten erledigen sollen. Sollte das Objekt für die Bezirksschule ausgebaut werden, wäre das auf alle Fälle ein LVO-Vorhaben mit zentraler Bereitstellung von Material und Kapazität. Du weißt, dass die beiden Gebäude für die Zahl 120 dazu nicht ausreichen. Sollte ausgebaut werden, brauchte man neben Schulungsräumen einen kompletten Versorgungstrakt und neue Schlafgelegenheiten. Die jetzigen Räume reichen für das geplante Vorhaben nicht aus, es sei denn, jeder einzelnen Person, die dort übernachten soll, stehen nur 1,5 qm Fläche, oder weniger zu. Das wiederum widerspricht unseren Bauvorschriften. Willst du mich hier auf den Arm nehmen, oder hat man dir einen Bären aufgebunden, oder nicht alles gesagt. Was steckt hinter deinem Ansinnen, vielmehr hinter dem vom ZV-Stab?"

„Ich kann nur das wiederholen, was man mir aufgetragen hat. Ich bin nur der Übermittler. Wenn du mir das nicht abnimmst und mir deine Gegenargumente vorhältst, musst du den ZV-Stab selbst fragen." Mit diesen enttäuschten und verärgerten Worten verließ der Parteisekretär, sprich ZK-Kommandeur, Gerds Zimmer.

Bei der unmissverständlichen Ablehnung, die Gerd gegenüber dem Parteisekretär geäußert hatte, sollte es nicht bleiben. Der Stabschef der ZV des Kreises meldete sich bereits kurze Zeit später per Telefon: „Du, Gerd, ich muss mit dir reden. Ich habe im Auftrag des Sekretariats der SED-Kreisleitung mit dir zu sprechen und dich von der Notwendigkeit des Ausbaues des ZV-Übungsobjektes zu überzeugen. Deine Antwort muss ich dem Ersten übermitteln. Ich gehe aber davon aus, dass bei deiner bisherigen guten Unterstützung der ZV, die Antwort positiv ausfällt. Du hast ja bei deinen Handwerkern die erforderlichen überprüften Kräfte, die ja auch bei uns in der ZV mitarbeiten, da gibt es ja gar keine Schwierigkeiten."

„Schwierigkeiten nicht. Aber ich habe keine Möglichkeit, meine Handwerker von Werterhaltungsmaßnahmen in den Wohnungen abzuziehen. Du weißt selbst, die Wohnungen werden immer älter, Ersatzteile gibt es nicht in der erforderlichen Menge, anstelle von Austausch defekter Teile müssen wir alles zwei- und dreimal reparieren und das kostet Zeit. Wenn wir nicht schnell reparieren, schreiben die lieben Bürger eine Eingabe an die SED-Kreisleitung und die schlägt auf die Leiter der Betriebe ein, ohne sich vorher über den Sachverhalt informiert zu haben. Deshalb gehen für mich in jedem Fall die Reparaturarbeiten in Wohnungen meiner Genossenschafter vor. Da du den hohen Stellenwert der Bürgereingaben in der SED-Kreisleitung kennst, wirst du sicher meinen Standpunkt verstehen, dass ich deiner Bitte zum Ausbau des ZV-Objektes nicht entsprechen kann. Meine Argumente zum generellen Ausbau wurden dir ja sicher schon von meinem Parteisekretär und Kommandeur übermittelt. Versteh mich deshalb bitte nicht falsch."

Der ZV-Stabschef war merklich sehr enttäuscht. Er hatte Gerd auch nicht überzeugen können und nun die unangenehme Aufgabe, dies der SED-Kreisleitung zu melden, was auf ihn auch kein gutes Licht warf.

Die leidliche Angelegenheit war für Gerd aber immer noch nicht zu Ende. Es verging kaum eine Woche, als der Stabschef des MfS in der AWG auftauchte und das Problem mit dem Ausbau erneut auf den Tisch legte. Scheinbar kannte er alle Argumente, die Gerd zu dieser Sache geäußert hatte. „Warum stellst du dich stur? Du hast doch die überprüften Kräfte bei deinen Klempnern. Da kannst du doch ohne Bedenken die Arbeiten ausführen lassen. Die Wohnungen der AWG sind doch nicht so schlecht, dass du deine Leute nicht für die ZV freistellen kannst. Die Wohnungen auf dem staatlichen Sektor sind doch eindeutig nicht so gut und dort geht es auch. Hab dich nicht so und geh davon aus, dass die Arbeiten am ZV-Objekt im Interesse unserer Partei liegen. Das müsste dir doch genügen!"

Auch die mahnenden und eindringlichen Worte des Stabschefs fielen auf Gerds taube Ohren. Er blieb bei seiner Ablehnung, auch wenn noch so sehr an sein Gewissen und an das Interesse der Partei appelliert wurde. Für ihn lagen gute Wohnungsbedingungen seiner Mitglieder auch im Interesse der Partei und dafür wurde er bezahlt.

Zum Zeitpunkt der Wende wurde mit der Veröffentlichung von geheimen Plänen der SED, Gerd erst richtig bewusst, was da im Stillen im ZV-Übungsobjekt eventuell ausgebaut werden sollte.

Aus der Presse wurde bekannt, dass bestimmte Objekte in der DDR als Internierungslager ausgebaut werden sollten bzw. schon wurden. War das ZV-Übungsobjekt im Kreis Bornstett etwa auch als Internierungslager für Andersdenkende und unliebsame Personen vorgesehen? – Gerd erschrak bei diesem Gedanken und war gleichzeitig froh, instinktiv richtig gehandelt zu haben.

Wenn es anders geblieben wäre, wäre vielleicht für ihn, aufgrund seines ständigen Widerspruches zu Praktiken und Machenschaften der Partei, speziell der SED-Kreisleitung, ein Platz im ausgebauten ZV-Übungsobjekt reserviert gewesen.

DIE TECHNOLOGIN – ERSTE ANFÄNGE

Gerd hatte sich ein paar Tage Urlaub genommen, die er zum Umbau seiner Gartenlaube in einer Kleingartenanlage am Stadtrand von Bornstett nutze. Bereits am dritten Urlaubstag, mitten in den Umbauarbeiten an seiner Gartenlaube, erschien der Umbauleiter, sein jetziger Stellvertreter im Geschäftsbereich, ganz aufgeregt in seinem Garten. Er berichtete ihm, dass die ihm unterstellte Technologin ihr Gehalt nach einer höheren Gehaltsgruppe forderte. Sie habe von Frau Kröter erfahren, dass ihre Planstelle im vertraulichen Stellenplan mit der Gehaltsgruppe A11 vorgesehen sei. Das würde ihr auch somit von der Genossenschaft zustehen, unabhängig, ob sich die Gruppen A 10 und A 11 summenmäßig überschneiden oder nicht. Er, der Umbauleiter, habe ihr sofort mächtig Maß genommen. Daraufhin hätte ihr Mann eine Eingabe an die SED-Kreisleitung geschrieben und nun müsste sich Gerd über die Vorkommnisse in der AWG vor der SED- Kreisleitung gleich nach seinem Urlaub verantworten.

Die Technologin war Gerds frühere persönliche Mitarbeiterin, von der er sich schnell getrennt hatte. Sie hatte am Himmelfahrtstag eine, aus zwei Scheuerlappen gefertigte Hose, mit am Zwickel befestigtem Stück Strumpfhose, gefüllt mit zwei Hühnereiern und darüber hängender Bockwurst, auf seinem Schreibtisch deponiert. Da er sich eine solche dreckige Anzüglichkeit nicht bieten lassen wollte, erfolgte ihre Umsetzung zum Umbauleiter. Interessant für Gerd war in diesem Zusammenhang, dass der Stabschef des MfS den Werdegang dieser Frau genau kannte und das offen bestätigte. Steckte er etwa hinter dieser frechen Anzüglichkeit und wollte die Stasi Gerd ebenfalls mit einer Frauengeschichte fangen, wie sie es schon bei einem Pfarrer getan hatten? Hatte die Stasi mit derselben Person nun über den Umbauleiter einen neuen Versuch gegen ihn gestartet?

Gerd wollte es nicht recht glauben. Doch der Umbauleiter hatte es in den wenigen Tagen seines kurzen Urlaubs geschafft, mit Hilfe eben dieser Person die SED-Kreisleitung gegen ihn aufzubringen. War das von seinem Vertreter nur Dummheit oder gezielte Absicht. Letzteres schien ihm doch das Wahrscheinlichste. – Er hatte der Frau Maß genommen. Mit welchen Worten und verdrehten Tatsachen? Warum hatte er diese Angelegenheit von Anfang an nicht sachlich geklärt, obwohl das seine ureigenste Angelegenheit gewesen wäre? Vielmehr hatte er eine Eingabe bei der SED-Kreisleitung provoziert und den Aussprachetermin bewusst nach Gerds Urlaub mit der SED-Kreisleitung vereinbart und damit alles vorsätzlich auf Gerds Tisch geschoben.

Zurück aus dem Urlaub prüfte Gerd das leidliche Problem und stellte fest, dass zwar mit der Technologin ihre Arbeitsaufgaben und Befugnisse besprochen, aber keine Notizen hierzu für die Kaderakte, weder vom Umbauleiter, noch vom Kaderleiter, gefertigt wurden. Nur der frühere Stellvertreter des Umbauleiters hatte vor seinem Weggang zur Bezirksparteischule die Arbeitsaufgaben der Technologin schriftlich formuliert, die der Kaderleiter jedoch nicht ihrer Kaderakte zugeführt, sondern in seinem allgemeinen Ablageramsch liegen hatte. Gerds Vorhaltungen zu beiden Leitern brachten, außer Tränen beim Umbauleiter, nicht viel. Die fehlenden Notizen wurden nachträglich, außerhalb der AWG, angefertigt und nach der Unterzeichnung in Gerds Beisein durch die beiden Leiter, von diesen der Kaderakte, ohne Kenntnis der betroffenen Person, zugefügt. Gerd hatte sein Wort gegeben über diese Angelegenheit zu schweigen und er hielt sein Wort, auch wenn er es unwürdigen Menschen gegeben hatte. – Leider!

DAS WESTFERNSEHEN

Etwa zur gleichen Zeit hatten die Fernsehmonteure der AWG, mit Gerds ausdrücklicher Zustimmung, das Westfernsehen für alle zentralversorgten Wohnungen der Stadt installiert und warteten auf seine nochmalige Zustimmung zur Freischaltung. Wie bei allen anderen wichtigen Entscheidungen, wurde der Vorstand der Genossenschaft hiervon unterrichtet. Doch der Vorstand folgte Gerds Vorschlag auf Zuschaltung des Westfernsehens noch vor Weihnachten 1988 nicht und bestand auf einer persönlichen Information an den 1. Sekretär der SED-Kreisleitung und dessen Zustimmung. Scheinbar wollten sie sich gegenüber der SED-Kreisleitung absichern, damit ihnen nichts passiert. Leider hatten sie nicht den Mut, Gerds Vorhaben mit zu tragen. Der Stabschef kannte das Vorhaben und hatte keine grundsätzlichen Einwendungen, profitierte er doch persönlich auch davon, aber nicht alle Vorstandsmitglieder.
Als Gerd bei Kotzack, dem 1. Sekretär der SED-Kreisleitung persönlich vorsprach, hatte dieser von sich aus zwei weitere Genossen dazu bestellt und meinte: „Auch wenn du mich alleine und persönlich sprechen willst, entscheide ich immer noch, wen ich zu dem Gespräch noch dazunehme. Das ist meine Entscheidung!"
Eine innere Stimme riet Gerd zu gehen, doch er hatte den Auftrag vom Vorstand zu diesem Gespräch. So blieb er, legte die Fakten auf den Tisch, dass alle Wohnungen der Stadt, die an die zentrale Fernsehversorgung angeschlossen sind, ab sofort die Zuschaltung zum Empfang des Westfernsehen bekommen können. Auch wäre es möglich, bestimmte Stadtinformationen über einen Sonderkanal mittels einer Videokamera zu übertragen, der Bürgermeister sei unterrichtet. Nach dieser Darlegung sprang Kotzack auf, als hätte ihn eine Tarantel gestochen und lief aufgeregt um den Tisch, hob den Zeige-

finger mit den Worten: „Das ist es! Das brauchte ich noch, das hatte mir noch gefehlt!" – Stark aufgeregt setzte er sich nach einer ganzen Weile des Schweigens wieder hin, um zu ergänzen: „Ich kann das nicht entscheiden, da muss ich Rücksprache nehmen. Das wird aber nicht vor der Wahl im Mai werden. So lange wird nicht zugeschaltet."
Die von Gerd vorgebrachten sachlichen Argumente, die ja im Interesse von vielen Bürgern der Stadt lagen, wurden von ihm in den Wind geschlagen. Die beiden anderen Genossen stimmten Kotzack zu, wie sollte es auch anders sein.

Die drei „teuren" Genossen blieben in Kotzacks Büro zurück als Gerd ging, vermutlich um sich zur gemeinsamen Vorgehensweise gegen Gerd mit seinem nicht genehmigten Vorstoß zur Installation des Westfernsehens für zirka 85 Prozent aller Bürger der Stadt zu beraten und festzulegen, wie gemeinsam gegen den unliebsamen Querulanten von der AWG vorzugehen sei.

Die Jahresabschlussveranstaltung

„Was ist denn das für eine Stimmung im Vorstand", wollte Gerds Frau von ihm wissen. Sie hatte bei der Jahresabschluss-veranstaltung der Vorstandsmitglieder mit ihren Ehepartnern eine gewisse Distanz einzelner Vorstandsmitglieder zu Gerd bemerkt. Er musste ihr ihre Wahrnehmung bestätigen. Selbst spürte er auch seit einiger Zeit, dass irgendjemand versucht, eine Diskrepanz zwischen einigen Vorstandsmitgliedern und ihm zu provozieren. Es schien ihm, als ginge das alles von den Mitgliedern der Kommission Werterhaltung aus, in der sein Vertreter in der Geschäftsleitung, der Umbauleiter, auch als Vorstandsmitglied mitarbeitete. In vergangenen Vorstands-sitzungen musste Gerd wiederholt besonders zwei Vorstands-mitglieder der Kommission Werterhaltung zur Aufmerksam-keit und Mitarbeit ermahnen. Sie diskutierten nicht zur Sache, sondern quatschten anscheinend nur private Angelegenhei-ten durch. Ausgangspunkt in dieser Angelegenheit, so erkannte es Gerd, war der Umbauleiter.

Maß nahmen der SED

Inzwischen weitete sich die Forderung der Technologin aus. Jetzt forderte sie nicht nur die höhere Gehaltsgruppe, die sich in ihrem Anfangsbetrag mit dem Endbetrag der bisherigen Gruppe überschnitt, nein, jetzt bestand sie auch auf einen höheren Geldbetrag. Der vertrauliche Stellenplan, der nur den Geschäftsleitungsmitgliedern und der Justitiarin zugänglich war, war zumindest in dieser Position unberechtigt weitergegeben worden. Die Leitungsmitglieder verneinten die Weitergabe.

Als Gerd die Justitiarin, Frau Kröter, beauftragte, im Sinne der Genossenschaft den Gehaltsstreit zu beenden, lehnte sie dies mit der Begründung ab, sie habe schon die Technologin als Mandant.

Ihren eigenen Arbeitsvertrag mit der Genossenschaft und ihre ureigensten Arbeitsaufgaben beachtete sie dabei nicht. Sie wurde schließlich von der Genossenschaft eingestellt und bezahlt, um Rechtsprobleme zu lösen und von der Genossenschaft fernzuhalten, nicht aber die Beschäftigten gegen die Genossenschaft zu vertreten.

Gerd stand auf verlorenem Posten. In der DDR war es nun einmal so, dass der Werktätige alle Rechte hatte, auch wenn sie noch so weit und nur an den Haaren herbeigezogen wurden und diese Rechte wurden über Eingaben, mit Hilfe der Gewerkschaft und speziell der SED-Kreisleitung, durchgesetzt. Fast alles wurde da gegen den Leiter entschieden. Der Leiter gehörte ja nicht unmittelbar zur Arbeiterklasse! Würde Gerd die Justitiarin zwingen, nach ihrem Arbeitsvertrag zu arbeiten, hätte er sicher ein weiteres Problem auf seinen Tisch bekommen und die Busenfreundin der Justitiarin, die Technologin, erführe alle Schritte der AWG im Voraus, ließ er es, wie es war, war es fast genauso, aber ohne ein weiteres Problem. Es schien sich einiges gegen ihn verschworen zu haben, die Karten seiner Gegenspieler waren gut gemischt.

Gerd versuchte eine andere Lösung.

Er beauftragte den Umbauleiter mit der Klärung des angezettelten Streites. Es geschah nichts, außer, dass er seine Unterstellten gegen Gerd einschwor, wie er später von diesen Mitarbeitern erfuhr. Er beauftragte danach seine ökonomische Leiterin doch alles zu versuchen, das Problem zu lösen, ohne Erfolg. Auch sein Kaderleiter und Parteisekretär konnte angeblich nichts erreichen. Er hatte ja nicht einmal alle relevanten Unterlagen der Kaderakte zugeführt. Wie er ebenfalls später erkennen musste, lag ein wichtiges Dokument in einem unerledigten Ablagestapel. Alles, was Gerd zur scheinbaren Lösung des Arbeitsrechtsstreites mit der Technologin einleitete, landete unverrichtet wieder auf seinem Tisch. – Absichtlich? Der Vorstand, der nur einmal im Monat zur Beratung zusammenkam, wurde von den Fakten unterrichtet, die entsprechenden Dokumente lagen in der Vorstandsmappe zur ständigen Einsicht aus. Leider wurden die Unterlagen in der Vorstandsmappe wenig genutzt. Dem Vorstand wurde aufgezeigt, wo der Ausgangspunkt des Gehaltsgruppenstreites lag und das der Umbauleiter in einem viertel Jahr nicht in der Lage war, in seinem Verantwortungsbereich Klarheit zu schaffen. Erneut mit den Fakten konfrontiert, versuchte dieser wieder, unter öffentlichen Tränen, bei den Vorstandsmitgliedern Mitleid zu erwecken und sich zu rechtfertigen. Gerd hat es hier versäumt, mit einem Vorstandsbeschluss den Umbauleiter zur Klärung der leidlichen Angelegenheit zu beauftragen.

Durch eine weitere Eingabe des Ehemannes der Technologin an den 1. Sekretär der SED-Kreisleitung, in der Gerd als Alleinschuldiger des Gehaltsstreites dargestellt wurde, eskalierte die ganze Angelegenheit. Mit der Eingabe hatte nun Kotzack, der 1. Sekretär, die berühmte Nadel im Heuhaufen gefunden, um massiv gegen Gerd Kilian vorgehen zu können.

Die Nadel hatten einige enge Mitarbeiter mit Vorsatz, sicher unter Anleitung der Stasi, platziert.

Für Kotzack war die Eingabe Anlass, die Kreisparteikontrollkommission (KPKK) zu beauftragen, eine Untersuchung der Arbeit von Gerd Kilian in der Genossenschaft durchzuführen und alle Genossen der AWG in der SED-Kreisleitung zur Arbeitsweise von Gerd zu ihnen und in der Genossenschaft zu befragen.

Die Reaktion der SED-Mitglieder der AWG zur vorgesehenen Befragung war sehr unterschiedlich. Sie reichte von einer offenen Empörung über dieses Anliegen, bis hin zum Stillschweigen. Eine Zustimmung gab es nicht. Die SED-Kreisleitung störte das nicht, die vom 1. Sekretär festgelegte Maßnahme wurde durchgeführt, natürlich während der Arbeitszeit und in den Räumen der SED-Kreisleitung; wie konnte es auch anders sein, wurde doch diese Zeit als gesellschaftliche Arbeit im Lohndurchschnitt bezahlt und keiner fragte, ob ein Betrieb so etwas verkraften konnte. Das war ja auch für die teuren Genossen uninteressant, die Hauptsache war schließlich, irgendjemand äußert sich auch nur annähernd negativ gegen Gerd.

Das Ergebnis der Befragung wurde sicher durch den Leiter der KPKK voreilig Gerd Kilian mitgeteilt, bevor es durch den 1. Sekretär freigeben wurde. Danach waren alle Befragungen für Gerd positiv, bis auf zwei Meinungen. Ein Handwerker vertrat die Meinung, dass Gerd sich mehrmals in der Woche in den Werkstätten sehen lassen müsste, der eine Kontrollbesuch sei zu wenig, die zweite negative Meinung stammte von der Justitiarin, der Inhalt wurde nicht genannt. Gerd wurde es aber sofort verboten, mit beiden über ihre Meinungen zu sprechen.

Der Vorsitzende der KPKK wertete in der Parteileitung der AWG die Befragung der Genossen aus, mit dem Ergebnis, gegen Gerd Kilian vorzugehen, reicht die Befragung nicht aus. „Wenn wir Genossen andere Betriebe nach der Meinung zu ihrem Leiter befragen würden, hätten wir bestimmt schlechtere Ergebnisse", waren seine abschließenden Worte. Doch etwa drei Wochen später verkündete die SED-Kreisleitung: Neben den negativen Äußerungen aus der Belegschaft, gibt es aus Betrieben und Einrichtungen des Territoriums auch Beschwerden zur Arbeit von Gerd Kilian. – Kennen wir so etwas nicht auch von dem Fall Brettschneider, wo der 1. Sekretär der SED-Kreisleitung zur Durchführung seiner Maßnahmen gegen den Liedermacher Brettschneider vorsätzlich von Betrieben und Einrichtungen negative Stellungnahmen abforderte? Ist das nicht exakt nach Stasi-Mielkes Forderung von 1976, Menschen öffentlich zu diskriminieren, denen man sonst nichts anhaben kann? Hatte die Justitiarin da nicht auch zugearbeitet?

Auch in der jetzigen Zeit war die Justitiarin, so wie es der Parteisekretär Gerd mehrfach berichtete, oft stundenlang in der SED-Kreisleitung, schrieb Eingaben an diese und an das Vorstandsmitglied, welches in der SED-Bezirkleitung arbeitete. Eine Eingabe, die der Parteisekretär Gerd zum Lesen gab, bekam auch die Stasi. Sie befindet sich heute in Gerds Stasiakte.

In den provozierten Arbeitsrechtsstreit schaltete sich nun auch der FDGB-Kreisvorstand ein (Freier Deutscher Gewerkschaftsbund). Leider hat Gerd den Vorschlag dieses Vertreters, bei gleicher Gehaltshöhe nur die Gehaltsgruppe von A 10 in A 11 umzuschreiben, nicht sofort zugestimmt. Als vor dem Arbeitsgericht dieser Vorschlag von Gerd aufgegriffen wurde, lehnte ihn der Gewerkschaftsvertreter nunmehr ab. War er auch von der SED-Kreisleitung oder deren Handlanger anders instruiert worden? Möglich wäre es gewesen, denn selbst der Kreisstaatsanwalt wurde durch den 1. Sekretär der SED-Kreisleitung beordert, um eventuell gegen Gerd Kilian vorgehen zu können. Gerd sollte sich, wie es der Wirtschaftssekretär der SED-Kreisleitung ausdrückte, „im Drecke wälzen, wie ein Wurm!" – Der Arbeitsrechtsstreit eskalierte vor Gericht.

Als Gerd das Protokoll der Gerichtsverhandlung in der Hand hielt, traute er seinen Augen nicht. Der Richter hatte in der Verhandlung das Protokoll diktiert, doch jetzt las er viele Passagen anders, negativ gegen ihn, als er es vom Diktat her in Erinnerung hatte. Wurde das Tonband umdiktiert? Gerd legte schriftlich Widerspruch ein, der vom Richter, wie sollte es anders sein, abgeschmettert wurde.

DIE FALSCHE FRAU DYCK

Fast verzweifelt suchte Gerd Kilian Rat und Hilfe bei Frau Dyck vom Rat des Kreises. Er hatte ihre Falschheit ihm gegenüber in den Hintergrund gedrängt und glaubte an eine ehrliche Hilfe. Im Gespräch unterbreitete er ihr drei Vorschläge, die er noch sah, um den Arbeitsrechtsstreit sachlich zu beenden und er verwirklichte sie nach dem Gespräch. Frau Dyck notierte sich die Vorschläge als sehr vernünftig sofort untereinander in ihr Arbeitsbuch.

Zur nächsten Vorstandssitzung erschien, für Gerd völlig überraschend und ohne seine Einladung, Frau Dyck. Seit langen Jahren das erste Mal, doch als Vorsitzende des Kreisbeirates der AWG'n konnte sie an der Vorstandssitzung unangemeldet teilnehmen. Vielleicht wurde sie auch hinter Gerds Rücken von irgendjemand eingeladen oder beauftragt. Sie offerierte den Vorstandsmitgliedern, sie habe Gerd zu einem Gespräch geladen, ihm drei Punkte zur Beendigung des Arbeitsrechtsstreites aufgetragen, die sie sich vorher in ihr Arbeitsbuch notiert hätte, aber Gerd hätte nichts unternommen. Seine eigene Initiative zum Gespräch und seine eigenen Vorschläge zur Beendigung des Streites, gab sie hier als ihre eigenen aus, gegen ihn.

Gerd schluckte mehrmals, denn das hatte er nicht erwartet. So eine verdammte Lügnerin! Sollte er sie vor allen Vorstandsmitgliedern bloßstellen und den richtigen Verlauf aufzeigen? Er hatte sie um ein Gespräch und um Hilfe im Arbeitsrechtsstreit gebeten. Er hatte ihr den Sachverhalt dargelegt und ihr aufgezeigt, was er noch unternehmen wollte, was sie sich sofort in ihr Arbeitsbuch notierte. Nun nutzte sie alles gegen ihn, weil es keinen Zeugen gab. Wenn Gerd sie jetzt bloßstellte, würde da jemals wieder eine normale Zusammenarbeit zustande kommen? Also schwieg er und schluckte.

Frau Dyck hatte auf Gerds Aufrichtigkeit ihr gegenüber gebaut und gewonnen. So setzte sie noch eins drauf und forderte von allen Vorstandsmitgliedern die Vertrauensfrage zu Gerd. Als staatliche Vorgesetzte hatte sie vielleicht das Recht dazu. Doch mit dem Ergebnis hatte sie nicht gerechnet. Trotz ihrer vorsätzlichen falschen Behauptungen erhielt Gerd einstimmig das Vertrauen ausgesprochen. Frau Dyck versuchte alles, weiter gegen Gerd Kilian vorzugehen, doch in dieser Vorstandssitzung gelang ihr es nicht.

DAS WAHRE GESICHT DES STABSCHEFS

Der Stabschef des MfS kam in der Zeit des Arbeitsrechtsstreites auffällig weniger zur AWG. Angeblich hatte er viel im Stasiobjekt zu tun und Vorbereitungen zu treffen, für einen bevorstehenden Lehrgang im zentralen Schulungsobjekt der Volkspolizei in Oschersleben. Doch wenn er vorbeikam, stellte er immer nur ein Thema, den Arbeitsrechtsstreit, in den Mittelpunkt.

Zur Zeit der Befragung der SED-Mitglieder der Genossenschaft durch die KPKK bemerkte er: „Du hast sehr viele Freunde. Es wird ein großes Stück Arbeit werden, aber wir schaffen das!"

„Was meinst du damit, ein großes Stück Arbeit und wir schaffen das? Willst du mit deinem Busenfreund Kotzack jetzt gegen mich vorgehen? Hast du, mit dem gemeinsam, mit der Ablösung deines früheren Chefs nicht schon genug angerichtet? Seid ihr jetzt dabei, gegen mich vorzugehen? Wenn du etwas für unseren Staat übrig hast, dann lass mich in Ruhe und meine Arbeit machen. Sorge lieber mit deinen Leuten dafür, dass die Wirtschaft bei uns endlich nach ökonomischen Kriterien geführt wird. Sorge dafür, dass Einmischungen von den Dummköpfen der SED-Kreisleitung und anderer aufhören. Wenn die ihre politische Arbeit richtig machen würden, hätten sie genug zu tun. Aber nicht einmal das beherrschen sie richtig."

Der Stabschef schaute Gerd nur groß an, als ob er das Letztgesagte nicht gehört hätte. „Du wirst schon sehen, wir schaffen das. – Und uns hältst du aus allem raus. Du hast ja unterschrieben zu schweigen! Ist das klar?"

„Was wollt ihr schaffen, mich ablösen? Nutzt ihr den Arbeitsrechtsstreit, um gegen mich vorzugehen? Vielleicht habt ihr ihn bewusst provoziert und mir mit euren Handlangern vorsätzlich auf den Tisch lanciert. Ist das euer Ziel, mich als Mitwisser von damals endlich loszuwerden?"

Der Stabschef lächelte nur gequält und verlegen. Gerd schloss daraus, dass er mit seinen provozierenden Worten ins Schwarze getroffen hatte, und so folgerte er, egal, was er unternehmen würde, seine Ablösung war beschlossene Sache! Würde ihm der Vorstand glauben, wenn er seine Vermutungen offen darlegt? Würde er damit nicht gegen die Schweigepflicht verstoßen? Er zog es vor zu schweigen.

Etwa vier Wochen später fing der Stabschef wieder mit dem Thema an. Er schien Gerds allmähliche Verzweifelung zu genießen. „Du hast jetzt schon wieder weniger Freunde. Es ist sehr mühsam, deine Freunde zu überzeugen, von dir loszulassen. Aber wir arbeiten hart daran und ständig wirst du welche verlieren." Bei diesen Worten grinste er Gerd mit breitgezogenem Mund an. Würde die dreckige Arbeit der SED-Kreisleitung mit ihrem Arm und Schwert, der Stasi, nun Früchte einfahren, den unliebsamen Mitwisser der Spionageoperation um den Stabilisator der Panzerkanone, wo sich Kotzack seine Sporen verdiente, endlich loszuwerden, wie den damaligen Stasi-Dienststellenleiter?

DER GEPLANTE UNTERGANG DER DDR

Anfang Juni 1989, der Stabschef war eine längere Zeit bei Gerd nicht mehr aufgetaucht, kreuzte er plötzlich, mitten in der Stadt, Gerds Weg.

„Wie ich sehe, geht es dir noch gut", war seine freche und zugleich höhnische Anmache. Provozierend fuhr er fort: „Aber das wird bald anders sein. Du hast nur noch eine handvoll treue Freunde, eigentlich nur noch einen, aber den schaffen wir auch noch! Dann stehst du alleine auf weiter Flur." Dabei grinste der Stabschef überheblich und breit über sein ganzes Gesicht. Verärgert über das Gehörte und frustrierend war Gerds Antwort. „Anstelle, dass du dir Gedanken machst, um meine Freunde, und wie du sie gegen mich aufbringen kannst, solltest du, als Stabschef, über eure Truppe lieber mit dafür sorgen, dass endlich in der DDR andere Verhältnisse einziehen. Du weißt, dass ich schon lange und oft gefordert habe, die Dummköpfe, die die SED in ihren Kreisleitungen sitzen hat, abzulösen, die alles nur so drehen, dass sie ihre Posten behalten können. Sonst können die doch nichts! Du weißt selbst, wenn diese Leute noch maximal zwei Jahre so weiter wursteln, wird die Wirtschaft in der DDR und damit die DDR selbst, völlig zusammenbrechen. Es wird höchste Zeit, dass ihr eingreift, sonst ist es zu spät! Das wäre tausendmal besser, als mir die Freunde systematisch zu entfremden. Ihr habt doch die Macht in der DDR. Wer sonst? Also unternehmt endlich was zu einer positiven Veränderung! In jeder Einrichtung, in jeder Institution und in jedem Betrieb habt ihr doch eure Leute sitzen und überall noch ein paar Hände voll Zuträger. Warum unternehmt ihr nicht endlich was, gegen die, die die DDR systematisch zu Grunde richten, bevor es vollkommen zu spät ist?"
Der Stabschef war sichtlich von diesen Worten betroffen. Mit dieser harten Reaktion hatte er nicht gerechnet. Seine Worte

waren dementsprechend aufbrausend. „Du brauchst dich gar nicht mehr so für die DDR einzusetzen! Die DDR gibt es nicht mehr lange, höchsten noch ein halbes Jahr! Dann sieht alles anders aus!"

„Was sagst du da, die DDR gibt es nicht mehr lange? Maximal noch ein halbes Jahr? – Willst du mich damit provozieren, dass ich mich zu härteren Äußerungen hinreißen lasse und du sofort gegen mich vorgehen kannst? Ich kann das einfach nicht glauben. Das kann doch nicht dein Ernst sein was du da gesagt hast. Ihr wollt die DDR aufgeben, alles, was wir so mühsam aufgebaut haben mit dem Wenigen, was uns zur Verfügung stand? Das kann doch nicht sein!" Gerd konnte es nicht fassen, was er gerade gehört hatte. Die Stasi gibt die DDR auf! Es schoss ihm durch den Kopf, wenn die die DDR aufgeben und selbst die Macht nicht übernehmen, wer dann? Mit wem haben die verhandelt und was springt für sie dabei heraus? Er wurde in seinen Gedanken unterbrochen.

„Du kannst mir das ruhig glauben, in einem halben Jahr wird es die DDR nicht mehr geben! Es sind alle erforderlichen Maßnahmen getroffen." Offensichtlich schien es dem Stabschef nicht leicht zu fallen, was er da sagte. Vielleicht bereute er es auch schon, etwas gesagt zu haben. Hatte er jetzt auch Gerd gegenüber ein Staatsgeheimnis offenbart, so wie es Hans, der ehemalige MfS-Dienststellenleiter, mit dem Raub der Unterlagen für den Stabilisator der Panzerkanone getan hatte? Oder war es ihm gegenüber nur eine weitere Provokation, um ihn zu fangen? Fragen über Fragen schossen Gerd blitzschnell durch den Kopf. War diese brisante Äußerung dem Stabschef nur so herausgerutscht oder hatte sie Gerd nur mit seinen offenen, harten Worten provoziert? Wollte er ihm etwa ein Zeichen geben sich anders zu verhalten, dann war es gefährlich! Doch die laufenden Handlungen des 1. Sekretärs der SED-Kreisleitung, in Verbindung mit dem Stabschef gegen ihn, deuteten darauf hin, dass er diese „danach Zeit" als Vorsitzender der AWG nicht mehr erleben sollte. So bohrte er nach. „Du willst mir doch nicht weiß machen, dass ihr einen Befehl von Mielke zur Aufgabe der DDR erhalten habt? Der würde doch so einen Befehl niemals erteilen."

„Das haben andere festgelegt. Ich habe das jetzt auch erst auf unserem Lehrgang in der VP-Schule in Oschersleben erfahren. Es war auch für mich nicht leicht, das zu verstehen und zu begreifen!"

„Da habt ihr also euren Lehrgang in Oschersleben dazu benutzt, das Ende der DDR durchzusprechen. – Hm – Was wird denn da aus euch, wenn es keine DDR mehr gibt? Ihr habt doch dann nichts mehr zu tun, keinen Betrieb, denn euch wird es nicht mehr geben und ihr steht sicherlich am Pranger. Oder sehe ich das falsch?"

„Sicher nicht! – Dafür ist aber gesorgt. Uns wird nichts geschehen!" Die Antworten des Stabschefs waren kurz, ungewollt. Doch er musste antworten.

„Und was wird aus eurer bisherigen Arbeit werden, gebt ihr das alles so einfach auf?", war Gerds nächste Frage.

„Wir werden alle eine andere Arbeit aufnehmen, dazu ist ja noch Zeit. Aber wir werden rechtzeitig damit beginnen und alle eine andere Arbeit finden." Der Stabschef holte tief Luft.

„Was wird dann in einem halben Jahr sein, wenn es die DDR nicht mehr geben wird? Wie lange wird der Zustand andauern, ein Jahr, zwei, fünf oder zehn? Was macht ihr bis dahin?", bohrte Gerd weiter.

„Es wird länger dauern und uns passiert nichts! Was danach kommt, das müssen wir abwarten. Bis dahin werden wir im Untergrund arbeiten. Genug Möglichkeiten gibt es ja. Wir werden uns mit all denen verbinden, die gegen den Kapitalismus sind, da gibt es viele und wir werden abwarten!"

„Was wird mit den teuren Genossen in den SED-Kreisleitungen? Was mit den vielen hauptamtlichen Funktionären in den Betrieben und Einrichtungen?"

„Ich habe doch schon gesagt, dafür ist gesorgt. Das sollte also nicht deine Sorge sein!"

Gerd Kilian konnte es nicht fassen, was ihm da offenbart wurde. Die Stasi gibt die DDR auf! – Für die Stasi-Leute und die SED-Bonzen ist gesorgt. Denen wird also nichts passieren! – Mit wem wurde da der Kuhhandel abgeschlossen? Wenn aber die Masse der Stasi- und hauptamtliche SED-Leute beruhigt in die Zukunft schauen können, bleiben nur die ganz Großen und die ganz Kleinen, an denen sich der angesammelte Frust in der DDR-Bevölkerung entladen wird. Die wahren Schuldigen, die SED-Funktionäre und Stasileute sind damit fein heraus und lachen sich ins Fäustchen. Die kleinen Dummen aber werden ans Messer geliefert und müssen lange Zeit für alles herhalten, was andere verbockt haben. Typisch Stasi, typisch ihr Gehirn, die SED, oder diesmal die Stasi im Alleingang?

Zu welcher Gruppe gehörte Gerd? Würde nun das Kesseltreiben gegen ihn weitergeführt oder aufgrund der soeben dargelegten Neuigkeiten sofort eingestellt?

Er erinnerte sich an die Anfangsworte des Stabschefs zu seinen Freunden und wusste, dass sich bei ihm nichts ändern würde. Er sollte die neue Zeit nicht als Vorsitzender der AWG erleben. Seine offenere und ständig wachsende, sehr kritische Haltung gegenüber den teuren Genossen der SED-Kreisleitung und in letzter Zeit auch indirekt gegen die Stasi, sollte für die Absatz- und Umstrukturierungspläne dieser Leute nicht hinderlich sein.

„Ich muss dir aber noch deutlich sagen", betonte der Stabschef, „du hast von mir nichts über den weiteren Werdegang der DDR gehört, überhaupt, was wir hier geredet haben! Und wir werden aus dem Arbeitsrechtsstreit mit der Technologin herausgelassen, sonst könnte dir das nicht gut bekommen!"

Diese Worte waren eine offene Drohung und Gerd hatte Angst, mit irgendjemanden darüber zu sprechen.

Gerds Abwahl

Nach der Vorstandssitzung, zu der Frau Dyck unangemeldet erschien, das war das erste Mal nach 17-jähriger Vorstandsarbeit von Gerd, und sichtbar den Auftrag von dem 1. Sekretär der SED-Kreisleitung hatte, die missglückte Vertrauensfrage gegen Gerd zu stellen, wurde eine Woche später durch die so genannte „Parteigruppe des Vorstandes", die nicht einmal auf dem Papier stand, eine erneute Vorstandsitzung, ohne Gerds Wissen, einberufen. Die Partei hatte eben zu allem die Macht! Zu der Parteigruppe, die bisher nie im Vorstand aufgetreten ist, gehörten alle Vorstandsmitglieder, außer Spitzer, CDU, und dem parteilosen, aber äußerst aktiven Vorstandsmitglied der Wohnungskommission. Die beiden nicht SED-Mitglieder wurden aber mit eingeladen und vor der Sitzung von deren Ziel unterrichtet. Initiator der Einladung war nach einem Gespräch mit Kotzack das Vorstandsmitglied, das sich nun Parteigruppenorganisator nannte und bei der SED-Bezirksleitung arbeitete. Noch vor der erneuten Vorstandssitzung erfuhr Gerd Kilian von einem Vorstandsmitglied, dass Frau Dyck am gleichen Nachmittag die Vorstandsmitglieder zu sich in ihr Dienstzimmer eingeladen hatte und sie intensiv beschwor, unbedingt Gerd Kilian abzuwählen. Sie übergab in dieser Einschwörung ein A5-Briefkopfschreiben des Rates des Kreises, das sie selbst formuliert und geschrieben hatte, sinngemäß: Auf Grund des Arbeitsrechtsstreites hat der Rat des Kreises beschlossen, den Vorsitzenden der AWG, Gerd Kilian, von seiner Funktion abzuwählen. Unterschrift: Dyck, Mitglied des Rates für Wohnungspolitik.
Auf der Grundlage dieses ominösen Schreibens, von dem unmittelbar nach der Wende beim Rat des Kreises, jetzt Landratsamt, kein Durchschlag zu finden war, wurde Gerd Kilian mit 7 zu 4 Stimmen als Vorsitzender der AWG abgewählt.

Der Originalbeschluss des Rates des Kreises konnte nicht vorgelegt und von keinem Vorstandsmitglied eingesehen werden. Wie später der ehemalige Vorsitzende des Rates des Kreises Gerd mit Freude mitteilte, hat es niemals vom Kreis einen Beschluss zu seiner Abwahl gegeben. Wenn es nie einen Beschluss zu seiner Abwahl gab, in welchem Auftrag hat dann das CDU-Kreisvorstandsmitglied Dyck gehandelt, als sie ihr vernichtendes A5-Schreiben formulierte und selbst zu Papier brachte? Welche Befugnis maßte sich Frau Dyck an, sich als Rat des Kreises auszugeben und das unberechtigterweise auf einen amtlichen Briefkopf? Was für eine Verlogenheit dieser Frau! – Wie eng haben eigentlich CDU-Mitglieder mit der SED zusammengearbeitet, wenn sie deren Befehle bedenkenlos und wohlwollend befolgten? Was für einen niederträchtigen Charakter müssen solche Leute haben!

Ausgerechnet das Vorstandsmitglied, zwischen dessen und Gerds Familie eine fast Familienfreundschaft bestand, machte sich zum Sprecher dieser, von der SED eingefädelten Intrige und das, ohne vorher mit Gerd gesprochen zu haben. Da fragt man sich auch, wie SED-verbohrt doch Menschen sein können, wenn sie eine fast Familienfreundschaft auf Befehl der SED einfach wegwerfen.

Das parteilose, aktivste Vorstandsmitglied hatte als einziger die Handlungen der SED-Kreisleitung und der Stasi, in Person des Stabschefs, erkannt und legte unmittelbar nach Gerds Abwahl sein Mandat nieder und widerstand allen späteren Verlockungen des Vorstandes der AWG zur Wiederaufnahme seiner Vorstandsarbeit. Hut ab, vor diesem Mann!

Gleich in drei verschiedenen Ausführungen (zwei liegen Gerd vor) arbeitete die Justitiarin den Abwahlbeschluss des Vorstandes im Nachhinein aus, natürlich auch nur auf der Grundlage des ominösen Schreibens der Frau Dyck und ihrer negativen Haltung Gerd gegenüber. Für einen Justitiar war das nach Gerds Auffassung mehr als eine schlampige Arbeit! Am

Tag danach verkündete der Umbauleiter vor der Belegschaft, die Abwahl sei erfolgt, weil Gerd sich nicht an Festlegungen und Beschlüsse der SED-Kreisleitung gehalten hätte.

Die Offenbarung des Umbauleiters

Kurze Zeit später standen sich unerwartet Gerd und der Umbauleiter noch einmal im AWG-Gebäude gegenüber. Ohne Gruß begann der Umbauleiter das Gespräch: „Jetzt zahl ich dir alles heim!"

„Was willst du mir heimzahlen, hab ich dir etwas getan? Ohne meine Vorsprache beim Vorstand wärst du doch gar nicht hier!"

„Das mag sein, aber du hast mir nicht das Geld gegeben, was bei meiner Einstellung von mir gefordert wurde und das zahl ich dir jetzt heim!"

Das hatte Gerd nicht erwartet. „Wer hat dir alle Gehaltserhöhungen in den vergangenen Jahren zukommen lassen, sodass du jetzt das zweithöchste Gehalt in der Genossenschaft hast? Wer hat dich zum stellvertretenden Geschäftsführer gemacht? Wer hat dich für den Vorstand vorgeschlagen, trotz deiner nicht rühmlichen Vergangenheit beim WBK? – Du hast von Anfang an gewusst, dass der Vorstand die Gehälter von Leitungskräften bei Neueinstellung festlegt und nicht ich. Es waren deine jetzigen Freunde der Kommission Werterhaltung im Vorstand, die dein Anfangsgehalt in der Genossenschaft heruntersetzten, weil es höher war, als ihr eigenes in ihrem Betrieb. Ich hatte dir damals gesagt, dass der Vorstand dein Gehalt festgelegt hatte und nicht ich! Wie verbohrt bist du eigentlich?"

„Das ist egal", unterbrach der Umbauleiter, „ich hatte jedenfalls anfangs in der Genossenschaft weniger Geld, als beim WBK. Das zahl ich dir jetzt heim!"

„Wenn ich bedenke, welche Intrigen du im letzten Jahr gegen mich geschürt hast, und wenn ich deine jetzigen Äußerungen höre, komme ich zu dem Schluss: Für mich ist dein Charakter noch mieser, noch schlechter und hinterhältiger, als mir das andere gesagt haben. Leider habe ich damals nicht auf die Warnungen anderer gehört, sonst wärst du heute nicht hier." Gerd ließ ihn stehen, er widerte ihn an.

Der letzte Versuch

Zwei Tage nach seiner Abwahl als Vorsitzender der AWG erschien der Stabschef wieder bei Gerd, der beim Räumen seines Zimmers war. In 17 ½ Jahren Amtsausführung hatte sich allerhand Privates angesammelt.

„Bevor du hier gehst, musst du mir unbedingt noch einmal helfen. Ich brauche dringend für eine Frau mit Kind, die sehr viel für die DDR geleistet hat, eine Zweiraum-Wohnung. Die Wohnung muss nicht renoviert sein, sie wird auch nicht bezogen. Die Frau zieht sofort weiter nach Magdeburg. Das hier dient nur zur Verschleierung ihrer Spuren. Ich brauche praktisch nur für eine kurze Zeit die Wohnung, dann habt ihr sie gleich wieder." Der Stabschef schien wirklich dringend die Wohnung für Tarnzwecke zu benötigen, sonst würde er sicher nicht mehr zu Gerd gekommen sein.

„Du darfst doch nicht denken, dass ich dir oder euch insgesamt, in irgendeiner Weise noch einmal behilflich bin. Du hast mit dem Kotzack meine Abwahl betrieben und eine Intrige nach der anderen inszeniert. Nun kommst du angekrochen und bittest mich um Hilfe? Daraus wird nichts! Für mich ist jede Art einer Zusammenarbeit vorbei. Schluss, aus, für immer! – Ich rühre für dich und deine Leute keinen Finger mehr. Eigentlich müsstest du doch zufrieden sein, du hast doch alles erreicht. Erst war es dein Chef, der durch dich über die Klinge springen musste und nun war ich es. Was willst du noch?" Gerd war aufgebracht und laut.

Der Stabschef schien diese abweisenden Worte nicht verstanden zu haben, oder er wollte sie nicht verstehen und bettelte förmlich: „Nur das eine Mal musst du mir noch helfen. Wenn es nicht so dringend wäre, würde ich nicht zu dir kommen."

„Ich habe nein gesagt! Aus und vorbei! Mit dir und deinen Leuten gibt es keine Zusammenarbeit mehr. Das hast du hoffentlich verstanden!" Gerds Ton war scharf, entschlossen und bestimmend. „Wenn du so ein dringendes Wohnungsproblem hast, dann geh doch zu deiner Gackert, mit der du ja auch früher vieles abgestimmt hast, bevor du zu mir gekommen bist. Oder geh zu deinen anderen Leuten, die du um mich herum platziert hast. Da hast du doch genug davon! Die haben dir geholfen gegen mich vorzugehen und nun sieh zu, wie du mit allen ohne mich weiterkommst. Lass mich nun endlich alleine, wir sind geschiedene Leute!"

Diese scharfen Worte hatte der Stabschef von Gerd sicher nicht erwartet. Unverrichteter Dinge und zähneknirschend musste der Stabschef schließlich gehen, denn Gerds Worte waren zugleich ein förmlicher Rausschmiss.

Kotzacks Angst
– Das schrittweise Ende der DDR

Ein paar Wochen später klingelte in Gerds Wohnung das Telefon. Er kannte die Stimme und sofort schoss ihm das Blut in den Kopf. Es war der Stabschef der Kreisdienststelle des MfS in Bornstett. „Gerd, entschuldige, dass ich bei dir zu Hause anrufe, aber wir müssen dringend mit dir sprechen." „Was wollt ihr noch von mir? Du weißt genau, wir sind geschiedene Leute und ich habe mit euch nichts mehr zu tun!" „Leg nicht auf, es ist wichtig! Wir haben den Auftrag vom Genossen Kotzack, dringend mit dir in deiner Sache zu sprechen." Bei diesen Worten lenkte Gerd langsam ein, denn er hatte ja gegen die von der SED-Kreisleitung gegen ihn verhängte Parteistrafe, im Zusammenhang mit seinem praktischen Berufsverbot, wie er selbst seine Abwahl bezeichnete, Widerspruch eingelegt und erhoffte sich neue Informationen.

Schon einen Tag später saßen der neue Leiter der MfS-Dienststelle und sein Stabschef mit Gerd zusammen. Er begann sofort nach der formalen Begrüßung mit den Worten: „Was wollt ihr von mir? Ich habe diesem Treffen nur zugestimmt, um etwas Neues zu meinem Widerspruch, zu meinem Berufsverbot und der Parteistrafe zu erfahren. Also, was ist los!"

Dem Leiter des MfS schien diese Befragung nicht zu gefallen. Scheinbar etwas beschämend begann er seine Worte zu formulieren: „Entschuldige, wir haben den Auftrag vom Genossen Kotzack, dich zu befragen, was du persönlich gegen ihn unternehmen wirst, du weißt schon, warum er das jetzt fragen lässt!" Dabei schaute er seinen Stabschef vielsagend an. „Du hast einen schwerwiegenden Widerspruch bei der SED-Bezirksleitung eingelegt und nun hat Kotzack ein ungutes Gefühl."

Gerd war entrüstet. Dieser hinterlistige Mensch, der 1. Kreissekretär der SED, hatte jetzt ein ungutes Gefühl. Das war neu!

Hatte er sich bisher, besonders im Zeitraum des Arbeitsrechtsstreites, hinter anderen Personen versteckt und aus dem Hinterhalt Intrigen gegen Gerd gesponnen und vorsätzlich Verleumdungen verbreitet und selbst das Parteiverfahren gegen Gerd mit Wonne geleitet, sich im Protokoll der Sekretariatssitzung der SED-Kreisleitung aber verleumden lassen, so hatte er jetzt ein ungutes Gefühl. Dieser Mensch hatte jetzt Angst! Das bevorstehende Ende der DDR, von dem er bestimmt auch vom Stabschef wusste, machte ihm Angst. Angst vor Gerd, Angst vor etwaigen Rachegefühlen. – So ein Scheißkerl!

„Wenn ihr euch für mich in der SED-Kreisleitung eingesetzt hättet und dem Kotzack die Stirn geboten und nicht noch mitgemacht hättet, bräuchtet ihr jetzt nicht wie Bettelmönche angekrochen kommen. Ihr widert mich an!"

„Das habe ich!", unterbrach der Leiter. „Ich habe im Sekretariat der SED-Kreisleitung zum Ausdruck gebracht, dass das weitere Vorgehen gegen dich der Genossenschaft erheblichen Schaden bringt und keiner da ist, der dich auch nur annähernd ersetzen könnte. Obwohl der 2. Sekretär mir zustimmte, vertraten andere die Meinung, sie müssten dir, besonders wegen deiner ständigen Kritik an der Arbeitsweise der Kreisgenossen, eine Lektion erteilen. Ich konnte leider nichts ausrichten, und dass das so endete, wollten bestimmt nicht alle."

Für Gerd war dieser Versuch einer Entschuldigung gleichzeitig wiederum die Bestätigung, von wo aus seine Abwahl betrieben wurde. Der Stabschef schwieg betroffen. – Doch nun, wo die SED-Macht, nach der enthüllenden Aussage des Stabschefs zum baldigen Ende der DDR, langsam zu schwinden drohte, bekam es Kotzack, der politisch mächtigste Mann im Territorium, langsam mit der Angst!

„Ihr könnt dem Kotzack getrost sagen, dass er mich als Mensch überhaupt nicht interessiert. Er ist für mich ein Nichts in jeder Beziehung. Müll, den die Geschichte hervorgebracht hat!" Gerds Worte hatten Betroffenheit bei den Stasileuten hervorgerufen und nach einer Pause fuhr er fort: „Er ist mir mit seinen dreckigen Machenschaften viel zu wider, dass ich mir in irgendeiner Art und Weise die Finger an ihm schmutzig mache. Das Leben soll ihn bestrafen und mit ihm all die, die ihm vorsätzlich dabei geholfen haben. Das wünsche ich mir, und das wird in Erfüllung gehen. Ihre gesundheitlichen Gebrechen sollen sie jeden Tag an ihre Schandtaten erinnern, jeden nach seinem entsprechenden Anteil!"

Der Stabschef war sichtlich betroffen und hatte plötzlich einen fahlen Gesichtsausdruck. Es verging eine ganze Weile, bis beide Stasileute diese Worte verdaut hatten. Ob beide sie begriffen hatten, konnte Gerd nicht erkennen, aber sie schienen beruhigt zu sein, dass Gerd keine persönliche Rache gegen Kotzack führen wollte.

Die momentane Betroffenheit der beiden nutzte Gerd, um das Gespräch auf das angekündigte und nun schon stark nahende Ende der DDR zu lenken. Kotzack war für ihn abgeschlossen. Das Fernsehen in Ost und West und die Zeitungen hatten ausführlich über die Besetzung der Botschaften in Prag und Budapest berichtet und auch über die ungarische Grenze zu Österreich.

„Sagt mal, wie kommt es, dass ausgerechnet jetzt über die Botschaften in Prag und Budapest so viele junge Menschen in die BRD ausreisen wollen? So etwas geschieht doch nicht durch Zufall alleine. Die Besetzung der BRD-Botschaften erfolgte doch nicht sporadisch. Habt ihr da auch nachgeholfen?"

Die Frage kam überraschend und die Antwort dementsprechend eindeutig vom Stabschef, der sich innerlich sichtbar wieder gefangen hatte.

„Du darfst doch nicht denken, dass wir bei einer solchen Sache etwas dem Zufall überlassen haben. Es waren unsere jungen Genossen, die die Besetzung der Botschaften angezettelt und provoziert haben. Sie hatten schnell genügend andere Tagesreisende und Urlauber, auch von der DDR aus, überzeugen können, da mitzumachen. Als dann das Feuer im Gange war, war alles gelaufen und nichts mehr aufzuhalten, da, wie bei dir selbst, die Unzufriedenheit mit den DDR-Verhältnissen zu groß war. In Ungarn war das ähnlich. Hier waren das auch unsere Leute, die andere Ausreisewillige um sich scharten, um auf die Grenzöffnung nach Österreich zu warten."

„Und bei der Grenzöffnung nach Österreich hattet ihr auch eure Finger im Spiel? Stimmt's?", provozierte Gerd weiter.

„Selbstverständlich erfolgte die Grenzöffnung erst zu einem späteren Zeitpunkt, nämlich genau zu dem Zeitpunkt, wo in der BRD, speziell in Bayern, die so genannten neuen Auffanglager fertig gestellt waren.

Wenn du die ARD-Tagesschau richtig verfolgt hast, und das hast du bestimmt getan, denn du kannst ja den Westen gucken, hast du dort auch die Bestätigung für meine Aussage erhalten. Die ARD berichtete ausführlich darüber, dass genau zu diesem Zeitpunkt, wo die ungarisch-österreichische Grenze geöffnet wurde, ein neues, großes Auffanglager fertig gestellt wurde. Wozu hätten die in Bayern das sonst gebraucht, wenn nicht mit einem größeren Ansturm von Ausreisewilligen aus der DDR genau zu diesem Zeitpunkt zu rechnen gewesen wäre? – Willst du es noch deutlicher hören? – So viel kann ich noch sagen, auch wenn es bei uns losgeht, werden wir die Fäden in der Hand haben!"

Gerd war ernüchternd, beeindruckt. Da hatte doch die Stasi mit all ihren Kräften und Mitteln jede Aktion genau geplant, selbst die erforderlichen Aktivitäten ausgelöst, und sie wird das weiter tun, aber vorher mit bestimmten Kreisen in der BRD alles durchgesprochen und abgestimmt, damit diese auf ihrem Territorium ebenfalls alle erforderlichen Voraussetzungen für die geplante, verstärkte Einreise von DDR-Bürgern, schaffen konnten. Für ihn war das fast unwahrscheinlich, doch er hatte selbst die Nachricht in der ARD-Tagesschau über die Fertigstellung eines neuen Auffanglagers in Bayern gesehen und gehört, etwa zeitgleich mit der ungarisch-österreichischen Grenzöffnung. Wie gut müssen da die verantwortlichen Stasileute mit Organen der BRD doch zusammengearbeitet haben!

„Wenn die DDR-Bürger und Familien mit ihren Kindern, weinend und mit Tränen in den Augen, so begeistert sind, dass sie endlich in der BRD sind, warum wollen denn dann einige sofort wieder in die DDR, weil sie sich angeblich so alleine fühlen und wer weiß, welche Gründe auch immer dafür sprechen? Da beißt sich doch was, oder seht ihr das anders. Wie kann man nach einem solchen Schritt der geglückten Ausreise, sofort wieder zurück in die DDR und nach Hause wollen?“ Gerd wollte es genau wissen.

„Auch das sind unsere Leute“, gab der Stabschef kleinlaut zu.

„Auch mit Kindern?“, fragte Gerd schockiert.

„Ja, auch mit Kindern!“ Und der Stabschef führte weiter aus: „Es muss doch alles, bei all den geplanten Maßnahmen, so aussehen, als ob es sporadisch entstanden sei. Anders geht es nun einmal nicht. Dazu gehören eben auch Menschen, die wieder heim wollen, die vor der Kamera weinen und ihren Schritt bereuen, um nicht mit einem Schlag Tür und Tor für die gesamte Bevölkerung der DDR aufzustoßen. Das ist der Anfang!“

Mit diesen Worten hatte der Stabschef eigentlich die ganze, mit BRD-Kreisen abgestimmte Strategie der Stasi offenbart, systematisch die Unzufriedenheit vieler DDR-Bürger mit ihrem Staat zu nutzen, und den Wunsch nach der westlichen Freiheit, mit all ihren Vorteilen zu schüren und damit das bevorstehende Ende der DDR einzuleiten. Es war also kein Wunder, dass besonders in dieser Zeit der Wunsch nach Freiheit, nach Reisen in alle Welt, nach einer Währung, die international hoch anerkannt war, bei vielen, ja fast bei allen Bürgern der DDR, keimte und immer stärker heranwuchs, mit jeder Information über bereits ausgereiste Bürger. Die Euphorie zeigte ihre Wirkung systematisch. Wenn auch ein Großteil der Menschen der DDR nicht ausreisen wollten, wurde doch der Wunsch und der Drang nach einer Veränderung immer größer und fand schließlich in offenen, friedlichen Demonstrationen ihren heroischen Ausdruck. Dass auch hier die Stasi mithalf, hatte ja der Stabschef angedeutet.

„Wenn das so ist, dass von euren Leuten die Aufgabe der DDR, bis ins Detail, geplant ist und alles wunschgemäß verläuft, geht auch ein Wunsch von mir mit in Erfüllung: Es verschwinden damit auch die unfähigen und hinderlichen SED-Kreisleitungen. Ich hatte alles von euch zwar anders erhofft, aber so soll es mir auch recht sein! Es ist nur schade, dass ich die Genossenschaft nicht in eine freie, unabhängige Wirtschaftsform führen kann." Die Blicke, die sich der Leiter des MfS und sein Stabschef bei Gerds Worten zuwarfen, waren vielsagend. Doch ohne weiter auf das Thema einzugehen, zogen sie sich, kleinlaut, wie sie gekommen waren, zurück.

DER GEFOLGSMANN DES GD,
DIE DELEGIERTENKONFERENZ

Der Generaldirektor des BKK und Mitglied des Zentralkomitees der SED bestimmte seinen getreuen Gefolgsmann und persönlichen Sonderbeauftragten, Genossen Schlechter, der nicht im Rahmen der ITR in der Stadt Bornstett tätig war, als neuen Vorsitzenden des Vorstandes der AWG. Dass er dabei gegen gesetzliche Bestimmungen und das Statut der Genossenschaft verstieß, interessierte ihn nicht. Die genossenschaftlichen Gesetze schienen für ihn nicht existent zu sein, wenn es darum ging, für einen persönlichen Freund in der Wendezeit eine Überlebensstelle zu finden. Wer wollte ihm als SED-ZK-Mitglied auch widersprechen. Kein Vorstandsmitglied hätte sich das getraut.

Als dieser Sonderbeauftragte des GD, Ende September 1989, von einem GD-Vertreter des BKK in die Genossenschaft eingeführt wurde, wurde sofort die Forderung an den GD gestellt, alles zu unternehmen, dass Gerd Kilian nicht an der nächsten Delegiertenkonferenz teilnehmen kann. Er war ja schließlich noch gewähltes Mitglied des Vorstandes und hätte dort, das gegen ihn mühselig gezimmerte Intrigengebäude, mit sachlichen Argumenten leicht zu Fall bringen können. Obwohl Schlechter, der frühere Sonderbeauftragte des GD, nicht von den Delegierten der Genossenschaft gewählt war – eine Kooptierung in den Vorstand sah keine gesetzliche Bestimmung vor – trat Schlechter sofort großspurig als Vorsitzender der Genossenschaft auf.

Gerd Kilian hatte von einer Beurlaubung im Vorstand persönlich nichts erfahren, bekam aber keine Einladungen zu Vorstandssitzungen und zur Delegiertenkonferenz, denn nur diese hätte ihn nach einer Anhörung von der Vorstandsarbeit entbinden können. Das wussten die Mitglieder des Vorstandes und der Revisionskommission. Sie unternahmen nichts und beugten sich demütig der SED-Festlegung.

Am Tag vor der Delegiertenkonferenz bat ihn sein neuer Leiter im BKK, wo er jetzt arbeitete, zu sich und eröffnete ihm im Vertrauen: „Gerd, ich habe von oben den Auftrag, dich für morgen unbedingt hier auf Arbeit mit Aufgaben zu binden, damit du nicht an der Delegiertenkonferenz der AWG teilnehmen kannst. Doch du weißt ja selbst, dass es in deinem Verantwortungsbereich keine Rückstände und Schwerpunkte gibt, die eine solche Maßnahme rechtfertigen würden. Ich wollte dir das sagen, weil ich, wie du, Offenheit und Ehrlichkeit schätze. Du weißt nun, woran du bist!"

Die Forderung an den GD, die bei der Einführung von Schlechter in die Genossenschaft gestellt wurde, sollte also mit einer zweifelhaften Arbeitsbindung durchgesetzt werden. Hatten SED und Stasi wirklich so eine Angst vor etwaigen sachlichen Diskussionen, hatten sie Angst, Gerd könnte jetzt die wahren Gründe seiner Abwahl nennen, wo der bevorstehende Umbruch der DDR schon deutlich zu spüren war?

Als Gerd am Morgen der Delegiertenkonferenz aus dem Fenster seiner Wohnung schaute, traute er seinen Augen nicht. Vor seinem Hauseingang stand bereits der rote Lada der Stasi mit zwei Insassen. Er kannte das Auto genau und wusste, wenn er den Fuß vor die Tür setzt, wird er nicht weit kommen!

Ein neuer Arbeitskollege von Gerd war als Delegierter in der Versammlung und berichtete ihm unmittelbar danach: „Es war nicht schön! – Die Delegierten waren verwundert, dass du nicht mehr Vorsitzender bist und ein anderer vor die Nase gesetzt wurde. Einige brüskierten sich auch über den Einsatz von Schlechter, im Auftrag des GD vom Braunkohlekombinat. Weder als SED-ZK-Mitglied, noch als Generaldirektor hatte er ja das Recht, sich in innergenossenschaftliche Angelegenheiten einzumischen, auch wenn die AWG 1954 auf Initiative vom VEB BKK gegründet wurde und dieser Betrieb längere Zeit Trägerbetrieb war. Das weißt du ja ganz genau und auch viele Delegierte. Doch die Gesetzeslage hat sich seit Jahren geändert und die Trägerbetriebe, im früheren Sinn, gibt es nicht mehr.

Das wurde aber wohlweislich von der Versammlungsleitung verschwiegen, obwohl die es auch wussten. Aber vielleicht wollten sie es gar nicht wissen. Deine Ablösung wurde immer wieder vom Versammlungsleiter auf den Beschluss vom Rat des Kreises zurückgeführt. – Du sagtest ja, dass es nach Aussagen des Vorsitzenden des Rates des Kreises einen solchen Beschluss nie gab. Die Delegierten wunderten sich, dass du nicht an der Versammlung teilnahmst und sie dich nicht befragen konnten. Dass du keine Einladung hattest, wurde nicht gesagt. Mehrere Delegierte verlangten vom Vorstand, dich sofort zu der Versammlung zu holen, um dich selbst befragen zu können. Doch die Versammlungsleitung verwies immer wieder auf den angeblichen Beschluss des Rates des Kreises. Mit dieser Diskussion verging fast eine dreiviertel Stunde, bis die Versammlungsleitung auf die Zeiteinhaltung des Versammlungsablaufes pochte und wieder alles auf den Beschluss zurückführte. Es ist kein Wunder, dass dann bei der Abstimmung, dich zu holen, die Mehrheit dagegen war. Schließlich wollten viele Delegierte wenigsten am Samstagmittag mit der Versammlung fertig und wieder zu Hause sein. Ich gehe davon aus, dass es Absicht war, die Zeit verstreichen zu lassen, bevor über den Antrag, dich zur Versammlung zu holen, abgestimmt wurde."

Gerd war erschüttert. So konnte man sein Ansehen bei den Genossenschaftern auch beschädigen. War aber die Schilderung nicht typisch für ein völlig abgekartetes Spiel? Wieso stellte der Vorstand das verlogene Schreiben von Frau Dyck immer wieder in den Mittelpunkt, obwohl keiner den Originalbeschluss gesehen hatte? Keiner hatte nachgeprüft, jeder glaubte dem SED-gesteuerten CDU-Mitglied Dyck!

Im Nachhinein erklärte der damalige Vorsitzende des Rates des Kreises in einem Gespräch nochmals Gerd gegenüber: „Ich bin froh, dir mitteilen zu können, dass es nie einen Beschluss des Rates zu deiner Ablösung als Vorsitzender der AWG gegeben hat! Was du mit meiner Aussage unternimmst, ist alleine deine Angelegenheit. Ich stehe dazu und sage es dir noch einmal, es hat nie einen Beschluss des Rates des Kreises zu deiner Abwahl gegeben."

Da es nach verbindlicher Aussage des Vorsitzenden des Rates des Kreises keinen Beschluss zu Gerds Abwahl gab, hat der Versammlungsleiter im Auftrag des Vorstandes vorsätzlich die Delegierten und damit alle Genossenschafter belogen, indem er das selbst gefertigte Schreiben von Frau Dyck, dem Ratsmitglied des Rates des Kreises und Kreisvorstandsmitglied der CDU, den Delegierten als Wahrheit verkaufte.

Trotz mündlicher und schriftlicher Aufforderung von Gerd an den neuen und auch an den jetzigen Vorstandsvorsitzenden der Genossenschaft, erfolgte weder die Zusendung des Delegiertenbeschlusses zu Gerds Abwahl durch die Delegiertenversammlung, noch der entsprechende Auszug aus dem Protokoll dieser Versammlung und auch keine Kopie des verlogenen Schreibens der Frau Dyck, geschweige denn, vom angeblichen Originalbeschluss des Rates des Kreises, obwohl die Sprecherin der Genossenschaft nach einer telefonischen Information bereits die ersten drei Punkte vorbereitet hatte, den Originalbeschluss gab es ja nicht.

Für Gerd Kilian kann es keinen besseren Beweis geben, dass seine Abwahl als Vorsitzender der AWG auf Befehl und Betreiben der SED in enger Zusammenarbeit mit der Stasi und ihren getreuen Helfern im unmittelbaren Umkreis seiner Wirkungsstätte, erfolgte. Dass ein CDU-Kreisvorstandsmitglied sich dabei als niederträchtiger SED-Handlanger entpuppte, war mehr als bezeichnend. Die Ablehnung der Übergabe der gewünschten Unterlagen an Gerd durch Schlechter und den jetzigen Vorsitzenden, bestätigte ihm, dass sich noch heute die alten Genossen im Vorstand und jetzigem Aufsichtsrat der Genossenschaft, an den damals von der SED-Kreisleitung herausgegebenen Instruktionen festhalten. Obwohl die früheren Vorstandsmitglieder, die sich heute Mitglieder des Aufsichtsrates der Genossenschaft nennen, erfuhren und wissen, dass es keinen Ratsbeschluss des Kreises zur Abwahl von Gerd Kilian gab, und sie die Delegierten der damaligen Delegiertenkonferenz bewusst oder unbewusst falsch unterrichtet haben, gab es weder bei ihnen noch bei Gerd Kilian eine Richtigstellung oder Entschuldigung. Schämt man sich der Lügen, oder ist man heute noch SED-treu.

Das damalige Ziel der SED-Kreisleitung und der Stasi, Gerd als unliebsamen Mitwisser einer Spionagesache und unduldsamen, ständigen Kritiker an der SED-Kreisleitung loszuwerden, war aufgegangen.

NEUE INFORMATIONEN

„Hallo, Gerd, wie geht es dir, wir haben uns eine ganze Weile nicht gesehen", rief eine wohlbekannte Stimme Gerd von weitem zu. Der frühere Parteisekretär und Kaderleiter der damaligen AWG, jetzt nur Wohnungsgenossenschaft, freute sich sichtlich auf das unerwartete Wiedersehen beim zufälligen Einkauf in der Stadt und plauderte sofort los: „Ich bin auch nicht mehr in der AWG, da konnte ich nicht mehr arbeiten. – Stell dir vor, die frühere Aufsichtsperson im Tiefbau, die nur durch deinen persönlichen Einsatz den Facharbeiterbrief zuerkannt bekommen hat, ist jetzt Betriebsratsvorsitzender. Wie er sich da aufspielt, kannst du dir ja vorstellen. Die Technologin ist nicht mehr da, nachdem sie mit ihrem Arbeitsrechtsstreit beim Bezirksgericht kein Recht bekam. Die Justitiarin hat sich zu einem Gericht abgesetzt, und Schlechter, der neue Vorsitzende der Genossenschaft, hat gleich sieben ehemalige Mitarbeiter von SED-Kreisleitungen und der Stasi in die Genossenschaft geholt.
Eine Instrukteurin der SED-Industriekreisleitung des Braunkohlekombinates ist jetzt meine Nachfolgerin und nennt sich Personalchefin. Einer von der Bezirksbehörde der Stasi ist jetzt Justitiar. – Da staunst du bloß noch! Du hättest diese Leute bestimmt nicht eingestellt. Das wäre bei dir nicht passiert. Kannst du dir so etwas vorstellen?"
Mit diesem kurzen Rapport wusste Gerd nun wieder das Neueste aus der Genossenschaft, aber es interessierte ihn wenig. Natürlich konnte er sich das vorstellen. Er kannte Schlechter, den früheren persönlichen Betreuer des Generaldirektors des BKK und ZK-Mitglied der SED lange genug. Dass ausgerechnet Schlechter in die Genossenschaft gedrückt wurde, verwunderte ihn nach seinen Erkenntnissen aus der Wendezeit auch nicht besonders. Weil Gerd aber zu den neuen Informa-

tionen aus der Genossenschaft nur mitleidvoll lächelte, fuhr der ehemalige Parteisekretär und Kaderleiter unverblümt fort: „Was ich dir unbedingt noch sagen wollte, deine Abschlussbeurteilung in der Genossenschaft wurde von der jetzigen Leitung, so wie ich sie geschrieben hatte, nicht anerkannt. Sie wäre viel zu gut für dich. Das letzte Drittel wurde ganz gestrichen und durch einen einzigen lakonischen Satz ersetzt. Es tut mir leid! Aber du hattest ja erfolgreich Widerspruch beim Kreisgericht eingelegt und gewonnen. Da war doch der neue Justitiar der AWG schon dabei, ich meine den von der Stasi des Bezirkes, der hat doch die Genossenschaft schon kurz vor der Wende vertreten."

Ja, Gerd hatte ihn erlebt und gesehen und traute anfangs seinen Augen nicht. Der Justitiar war jener frühere Spezialist der Stasi-Bezirksbehörde, der für die Gewinnung, Betreuung und den späteren Einsatz als Spitzel vieler junger Menschen, vorwiegend Abiturienten, verantwortlich war. War er ein Zukunftsträger, der noch kurz vor der Wende von der Bezirksbehörde der Stasi in das normale Berufsleben delegiert wurde? Sollte, oder hatte er von der AWG schon eine neue Vita bekommen? Für Gerd war es die Bestätigung des planmäßigen Absatzes bestimmter Stasikräfte noch vor der Wende. Schlechter schien ja auch auf eine ähnliche Art und Weise in die Genossenschaft gekommen zu sein. Doch wen interessierte das schon! – Gerd wunderte sich über nichts mehr, er war über die allgemeine Gleichgültigkeit, die sich mit der Wende verbreitete, enttäuscht. Es verwunderte ihn auch nicht, dass dieser Justitiar nur kurzzeitig in der Genossenschaft arbeitete. Er war einer der ersten, die nach der Wende eine Anwaltskanzlei eröffneten und in Zeitungsartikeln die Bürger von Bornstett und Umgebung über Anwendung von Paragraphen des BGB informierten.

Es wunderte ihn auch nicht, dass ein weiterer ehemaliger Stasi-Offizier der Bezirksbehörde seinen Sitz im Aufsichtsrat der

Genossenschaft hatte und noch heute hat. Gerd wollte auch nicht mehr darüber nachdenken.

„Lass es gut sein, wir beide ändern daran doch nichts!" Mit diesen resignierenden Worten verabschiedeten sich beide voneinander.

GERDS STASIAKTE

Die Möglichkeit der Einsichtnahme in seine Stasiakte nutzte
auch Gerd. Seine Parteiakte war für ihn eigentlich noch inte-
ressanter, da nach seinen Informationen viele Einzelheiten aus
seinem Berufs- und Privatleben, aus so genannter Parteisicht,
verewigt wurden. Leider haben die alten SED- und nun neu-
en PDS-Genossen nicht auf seine wiederholten schriftlichen
Anfragen reagiert und ihm Einsicht in diese Parteiakte ge-
währt. Doch nach seiner Recherche existiert sie noch!
Aufgeregt und gespannt überflog Gerd seine zur Einsicht vor-
bereitete und teils geschwärzte Stasiakte. Sie war viel dünner,
als er es erwartet hatte. Viele Einzelheiten aus seiner beruflichen und parteilichen Arbeit, sowie aus seinem Privatleben hatte
er erwartet, besonders seine stets kritische, unerwünschte Haltung gegenüber der SED-Kreisleitung und seiner Forderung
gegenüber dem Stabschef der Stasi, die Dummköpfe der SED
abzulösen und endlich für eine bessere DDR zu sorgen, doch
er fand sie nicht. Seine Suche hierzu war vergebens. Vielleicht
sollte der Satz in seiner Einschätzung durch die Stasi: „Er hat
eine klare Haltung zur DDR", alles ausdrücken. Ungeduldig
blätterte er weiter. Erstaunt fand er eine von ihm unterzeichne-
te Verpflichtungserklärung zur Mitarbeit bei der Stasi, die ihm
nicht bekannt war. Seine Rückerinnerung an den Tag, als zum
ersten Mal der stellvertretende Leiter der Stasi-Dienststelle von
Bornstett und der Stabschef in seinem Büro waren, sollte Er-
leuchtung bringen. Damals musste er eine Stillschweige-Erklä-
rung unterzeichnen, wie er sie aus seinem früheren Betrieb kannte, der auch Teile für die NVA fertigte, aber mit Durchschlag,
den er, in ein Gespräch verwickelt, einfach so im guten Glauben, es sei der Durchschlag des Originals, mit unterschrieben
hatte. Sollte dieser Durchschlag die jetzt vorgefundene Mitar-
beitserklärung sein? Wenn ja, hatte man ihn von Anfang an

vorsätzlich hintergangen. Im Rückblick traute er es diesen Leuten voll und ganz zu. Gerd war entsetzt – entsetzt über seine damalige Blauäugigkeit. Stand da nicht im Zusammenhang auch der Name seines früheren Stellvertreters, ungeschwärzt, auch die Namen von Mitarbeitern aus dem Braunkohlekombinat und andere, die angeblich eine Kontaktaufnahme der Stasi zu ihm befürworteten? Unglaublich! Gerd blätterte aufgeregt weiter und fand eine Notiz vor, über eine persönliche Überprüfung seines Elternhauses, seiner Mutter, seiner Schwester und seines Schwagers, durch Mitarbeiter der KD des MfS in Bornstett. Das war ungeheuerlich und ging ihm entschieden zu weit. Seine Mutter und seine Schwester hatten ihm nie etwas von einem zufälligen Besuch oder etwas Auffälliges erzählt. – Doch halt! Eine Person aus Bornstett, die sein Elternhaus betreten hatte, war seine Wohnraumlenkerin, Frau Gackert, mit ihrem Mann. Wie Schuppen fiel es Gerd von den Augen, er war ja indirekt selbst schuldig, und er erinnerte sich ziemlich genau: Eines Tages kam Frau Gackert zu ihm, die im Nachbarort seines Elternhauses durch ihren Mann Verwandtschaft hatte, und bot sich mit schönen Worten an, doch seiner Mutter sehr gerne von ihm ein paar Pralinen zu übergeben. Sie sei gewiss, dass sich seine Mutter über eine süße Überraschung, mit lieben Grüßen von ihrem Sohn, bestimmt freuen würde. Vom Nachbarort zu seinem Elternhaus seien es ja nur wenige Kilometer. Sie wüsste es, dass man sich als Mutter darüber sehr freuen würde.

Gerd hatte es abgelehnt, doch Frau Gackert sprach dieses Thema wiederholt an. Seine Sekretärin, die das Anliegen von Frau Gackert inzwischen mitbekommen hatte, versuchte nun auch noch Gerd umzustimmen. Schließlich siegte das Emotionale in ihm, und er schnürte eine kleine Süßigkeit zusammen. Wie er heute erfahren hat, war die bewusste Überprüfung seines Elternhauses seine schamlos ausgenutzte Gutgläubigkeit. Auf damaliges Befragen hatte Frau Gackert nur kurz bemerkt, sie und ihr Mann seien in Gerds Elternhaus sehr gastfreundlich aufgenommen und gut bewirtet worden. Gerd wusste, dass das in seinem Elternhaus so üblich war. Dass dieser Besuch, den Frau Gackert mit ihrem Mann, unter Vorspielung einer guten Tat, schamlos ausnutzte und für die Stasi spionierte, widerte ihn an. In der Genossenschaft trat sie auf, als sei sie eine Heilige, in Wirklichkeit, so schien es Gerd, war sie des Teufels Großmutter!

Neugierig und gespannt blätterte er weiter in seiner Stasiakte. Eine Liste von angeblich erhaltenen Geschenken fiel ihm auf, doch er wusste, dass er diese Geschenke nicht bekommen hatte. Dabei stach ihm ein Datum in die Augen. Es war das Datum des 50. Geburtstag von Frau Gackert. An dem Tag wurde er doch vom Stabschef und dem stellvertretenden Leiter der KDS des MfS befragt, ob er etwas gegen eine Geschenkübergabe, durch sie, an Frau Gackert habe. Extra wegen dieser Befragung waren sie gekommen und hatten einen Karton, mit aufgeklebtem Glaswarnschild dabei. Es waren vermutlich Kristallweingläser, die von der Stasidienststelle hier gern verschenkt wurden. Bei anderen Daten schien es ihm ähnlich zu sein. Er hat nicht weiter nachgeforscht.

So wurde das also von der Stasi praktiziert. Ein inoffizieller Mitarbeiter, legal oder hinterlistig geworben oder mit unterzeichneter, aber nicht gelesener Kopie einer Stillschweigeerklärung annektiert, wie er es für sich sah, musste herhalten, um auf sein Konto Geschenke für weitere IM registrieren zu lassen. Das war sicher auch eine Tarnmaßnahme. Vielleicht hatte auch Frau Gackert das Geschenk zu ihrem 50. Geburtstag für die vermutliche Ausspionierung seines Elternhauses bekommen und ausgerechnet bei ihm war das registriert. – Abscheulich!

Obwohl sich Gerd Kilian als Opfer der SED- und Stasimacht fühlte und das ja auch unmittelbar zu spüren bekam, obwohl er selbst Mitglied der SED war, wusste er nun aus seiner Stasiakte mit der bisher nicht bekannten Unterschriftsleistung, dass er auch als Täter geführt wurde. Das Geschehene und hier Gelesene gingen ihm lange nicht aus dem Kopf. Er schämte sich seiner Blauäugigkeit und bat alle, die er kannte, in Gedanken um Vergebung.

FREDDYS ÄRGER

Nach der Wende hatte Gerd Kilian einige recht unterschiedliche, aber interessante Bürger der Stadt gebeten, die ihn nach
seiner Auffassung, in seiner unermüdlichen Arbeit in der Genossenschaft und seine offene, widersprüchliche Haltung zur
SED-Kreisleitung kannten, aus ihrer Sicht seine praktische
Arbeit und sein politisches Verhalten ihm schriftlich zu do-
kumentieren. Die ihm übergebenden Schreiben bestätigten
seine eigene Meinung. Einer von diesen angesehenen Bürgern war Freddy, ein langjähriges SED-Mitglied, der als Parteisekretär, später im Staatsapparat und dann in der Kohle-
wirtschaft gearbeitet hatte. Beide kannten sich aus einer
mehrjährigen guten Zusammenarbeit, doch ihre derzeitige
Verbindung war sporadisch, auf zufällige Begegnungen in der
Stadt, beschränkt.
Ein paar Jahre waren so nach der Wende vergangen, als der
Zufall wieder eine Begegnung herbeiführte. Ein freundschaft-
licher Klaps auf Gerds Schulter ließ ihn herumblicken.
„Sieht man dich auch wieder einmal, das ist schön, wie geht
es dir, Gerd?", scherzte Freddy neben ihm und lächelte ihn
mit seinen fragenden Augen an. „Schön dich zu sehen!"
Noch bevor Gerd die freundliche Begrüßung vollständig zu-
rückgeben konnte, ereiferte sich Freddy seinen sichtbar auf-
gestauten Ärger Luft zu machen.
„Kannst du dir das vorstellen, was der Schlechter, dein Nach-
folger in der Genossenschaft, fertig gebracht hat? Der hat es
doch tatsächlich geschafft, seinen eigenen Grund und Boden
aus dem Dorf, wo er herkommt, der Genossenschaft zu verhö-
kern und das noch zu einem Preis, der über dem Durchschnitt
des Baugrundwertes des Landkreises liegt. Dort lässt er von der
Genossenschaft aus Häuser bauen, die vorwiegend von Genos-
senschaftsmitgliedern aus Bornstett bezogen werden sollen. Der

zieht doch damit vorsätzlich die Wohnungen hier in der Stadt leer und lässt sich dann den Abriss der leeren Wohnungen mit unseren Geldern finanzieren. Meiner Meinung nach ist das Amtsmissbrauch und Vorteilnahme im Amt! – Wenn ich als alter Genossenschafter, und ich war einer der ersten hier in Bornstett, die ihre Wohnungen noch selbst gebaut haben, dem Schlechter seine Arbeit ansehe und die mit früher vergleiche, gibt es für mich nur einen Schluss: Bei dir wäre so etwas nicht passiert und vieles, vieles wäre anders gelaufen!"

Freddy holte tief Luft. Man merkte ihm seine Aufregung deutlich an, dann fuhr er nachdenklich fort: „Ich wundere mich, dass der jetzige Aufsichtsrat da nicht eingeschritten ist, der hätte so ein krummes Ding doch gar nicht in die Vertreterversammlung kommen lassen dürfen. Womit wurden denn die eingelullt, frag ich mich, oder gibt es da noch Zusammenhänge, die mir nicht bekannt sind?"

„Ja Freddy, da staunt der Fachmann. Auch mir erzählen die verschiedensten Genossenschafter, die man ab und zu trifft, manche Sachen, über die man sich nur wundern kann. Aber das alles interessiert mich nur am Rande und entlockt höchstens ein mitleidiges Lächeln.

Wenn du dieses Problem mit dem Neubau der Genossenschaft im Heimatdorf von Schlechter ansprichst und den nicht eingreifenden Aufsichtsrat erwähnst, musst du dir anschauen, wer im Aufsichtrat sitzt und wer ihm vorsteht. Du weißt, was früher der Vorstand der Genossenschaft war, ist heute der Aufsichtsrat. Fast alle treuen SED-Mitglieder des Vorstandes sitzen heute im Aufsichtsrat, ergänzt durch einen früheren Stasioffizier der Bezirksstelle. Der jetzige Aufsichtsratsvorsitzende hat widerrechtlich zu DDR-Zeiten seine Zweiraumwohnung, ohne jegliche Genehmigung der Genossenschaft, an seinen Braunkohlebetrieb als Unterkunft für Monteure und Gäste weitervermietet, weil er zu seiner damaligen Lebensgefährtin gezogen war, sicher wegen Geld. Eine Weitervermietung einer genossenschaftlichen Wohnung war aber gesetzlich untersagt, ein absolut krummes Ding! Warum sollte er heute anders handeln?

Überlege doch einmal. In der Presse stand für jeden lesbar, dass durch die Genossenschaft die untere Etage eines Hochhauses, gegen den Willen der dortigen Bewohner, leer gezogen wurde, damit dort die Frau des Aufsichtsratsvorsitzenden ihre private Pflegestation für ältere Menschen einrichten konnte. Im gleichen Zeitraum errichtete die Genossenschaft einen Neubau als so genannte Begegnungsstätte für Genossenschafter, mit gastronomischer Einrichtung und direkter Verbindung zur unteren Hochhausetage. Aus meiner Sicht wäre ein solcher Bau nicht erforderlich gewesen, es gab doch in unmittelbarer Nähe andere geeignete Räumlichkeiten, die bei Erforderlichkeit, als so genannte Begegnungsstätte, genutzt werden konnten."

„Du meinst, dass dieses Objekt nur errichtet wurde, weil die Pflegestation einen Versorgungstrakt brauchte und sonst nicht betrieben werden durfte? Du meinst, eine Hand wäscht die andere in der Genossenschaft?"

„Freddy, das hast du gesagt! Ich habe nur aus meiner Sicht Fakten aufgezeigt. Wenn ich aber die jetzige Arbeit in der Genossenschaft betrachte, wundert mich gar nichts mehr, doch, mich wundert es nur, dass der Staatsanwalt aufgrund der Beschuldigungen in der Presse, wegen Amtsmissbrauch und Vorteilnahme im Amt, wie du den Reihenhausbau in Schlechters Heimatdorf nanntest, nicht eingeschritten ist."

„Und mich wundert es, dass die Genossenschafter sich das alles gefallen lassen", stimmte Freddy zu. „Aber heute denkt ja keiner über seinen Tellerrand hinaus und manch einer hat noch Angst gegen die Obigen etwas zu sagen, weil die Macht ja bei denen liegt. Früher konntest du doch einen Leiter oder Vorgesetzten ohne Grund anschwärzen, schlecht machen oder verleumden, bei der SED-Kreisleitung bekamst du immer

Unterstützung und meist auch Recht, durftest aber nie etwas gegen die SED oder den Staat sagen, heute ist es genau umgedreht. Sagst du etwas gegen deinen Vorgesetzten, wirst du die Konsequenzen spüren, den Staat darfst du beschimpfen, dir geschieht nichts!"

„Aber Freddy, hast du etwas gegen den Vorstand unternommen?"

„Du hast ja Recht. Vielleicht bin ich schon zu alt dazu und kann eben auch nur meckern, wie viele andere. – Aber es war schön, dich wieder einmal zu sprechen und deine klaren Worte zu hören. Sicher treffen wir uns beim Einkauf einmal wieder und haben dann für ein Gespräch mehr Zeit." Freddy drehte sich im Gehen wieder um und kam ein paar Schritte zurück. „Ach, was ich noch sagen wollte, auf der Beerdigung des langjährigen Parteisekretärs des WBK stand ich mit dem früheren Parteibeauftragten des ZK der SED für das WBK und dem Kotzack zusammen. Da haben wir uns über einige Dinge von früher offen unterhalten. – Wusstest du, dass der Leiter des MfS von Anfang der siebziger Jahre hier in Bornstett jetzt Abteilungsleiter des BND in einem alten Bundesland ist? Kotzack hat das lächelnd zum Besten gegeben und auch das Land genannt. Die müssen doch alle noch zusammenstecken und Verbindung halten, wo wüsste Kotzack das sonst her. Fast unglaublich, was auch der frühere ZK-Parteibeauftragte von sich gab. Er berichtete, dass schon vor der Wende sein früherer Kombinatsdirektor in Ungarn mit Vertretern eines bayrischen Bauunternehmens Kontakt hatte, um festzulegen, wie nach der Wende hier in Bornstett weitergearbeitet werden sollte. Kannst du dir das vorstellen? Ich fasse das nicht! Unsereins quälte sich bis zum Schluss ab, um über die Runden zu kommen und andere Funktionäre ebneten sich schon vor der Wende ihren Weg in den Wohlstand. Ist das überhaupt zu glauben?" Freddy war sichtlich in Rage.

„Warum nicht, Freddy, ich kann mir so etwas alles gut vorstellen und wundern, nein, mich wundern solche Aussagen nicht. Es bestätigt mir nur das, was der Stabschef des MfS mir ein halbes Jahr vor dem Zusammenbruch des früheren DDR-Regimes vom Ende der DDR offenbarte und dass der Stasi aktiv die damalige Situation steuerte, von den Botschaftsbesetzungen, über die Grenzöffnung Ungarn/Österreich, bis hin zu den friedlichen Demonstrationen und Kundgebungen, wie am 4.11.1989 in Berlin, wo der Chefspion der DDR, Markus Wolf, im Vorbereitungszelt den gewonnenen Rednern Kaffee und Kuchen anbot. Damals habe ich das auch nicht glauben wollen und hatte Angst, mit irgendjemanden darüber zu sprechen, heute bestätigen solche Aussagen nur die Tatsache der damaligen Aussage! – Also Freddy, lass es dir gut gehen!"

ZUSAMMENFASSUNG

Gerd hatte sich ein Glas trockenen Rotwein eingegossen, nahm die Tageszeitung zur Hand und war neugierig, was heute wieder vom schrumpfenden Bornstett zu lesen war. Wenn der Schrumpfungsprozess von Anfang an planmäßig und nicht sporadisch erfolgt wäre, wenn der Willkür des Abrisses keine Gebäude zum Opfer gefallen wären, die für das Stadtbild unbedingt relevant waren und wenn die Rechtsträger der Wohnungen parallel zum Abriss genügend voll renovierte Wohnungen für den Freizug der Abrissgebäude bereitgestellt hätten, würde hier in Bornstett einiges besser aussehen. An eine sinnvolle Abtragung der Wohnblöcke und Schaffung von großzügigem Wohnraum, mit Dachterrasse und Kellergarage, war generell nicht gedacht worden.

Interessiert suchte Gerd die Stadt- und Kreisnachrichten ab, doch dieses Mal fand er keine erschreckenden Neuigkeiten vom weiteren Rückbau der Stadt, die er einmal ein Stückchen mit aufgebaut hatte.

Eine andere Kurzmeldung weckte sein Interesse. Ein Beauftragter der Stasibehörde hielt wieder einmal Sprechstunde und die Bürger wurden aufgefordert, Anträge auf Einsichtnahme in ihre eventuell vorhandene Stasiakte zu nehmen. – Wem nützt es! Im Wesentlichen doch nur denen, die sich schon vor der Wende sicher waren, dass ihnen nichts geschieht! Immer noch wird dieser Trend geschürt.

Als Gerd eine solche Sprechstunde vor Jahren nutzte, um sich nach dem Stand der Bearbeitung seiner Akte zu erkundigen, forderte ihn der damalige Beauftragte auf, nur offen zu reden, er wäre ja schließlich auch einmal Genosse gewesen. Als ob ein großer Rollladen eines noch größeren Fensters plötzlich herunterfiel, dröhnte es in seinem Kopf. Ein ehemaliges SED-Mitglied forderte ihn auf, offen zu reden, offen zu einem von der SED, den er nicht einmal kannte. Schnell war er damals wieder auf dem Heimweg.

Sein Glas Rotwein hatte er noch in der Hand, als ihm seine ganzen ernüchternden Berührungen mit der Stasi und die vielen negativen Begegnungen mit SED-Funktionären in Erinnerung kamen. Wie von einer inneren Kraft getrieben, griff er nach einem Stift und fasste für sich seine vielen ernüchternden Erfahrungen zusammen. Wie war das damals?

Im Ministerium für Staatssicherheit waren alle geheimdienstlichen Aktivitäten der DDR zusammengefasst. Dadurch war eine direkte Koordinierung ihrer Arbeit, von der Aufgabenstellung bis zur Auswertung der Ergebnisse, in eine Hand gelegt und dadurch effektiv. In anderen Staaten, so auch in der alten BRD, sind oder waren die einzelnen Sparten der geheimdienstlichen Arbeit als selbstständige Gremien angesiedelt, z. B. Bundesnachrichtendienst, Verfassungsschutz u. a. m. mit Nachteilen einer engen koordinierenden Zusammenarbeit.

Die allseitige Arbeit der Stasi wurde nach Angaben ihrer eigenen Mitarbeiter als insgesamt zweitbester Sicherheitsdienst und Staatsschutz der Welt eingeschätzt. Von diesen Leuten wurde nur der israelische Geheimdienst als noch effektiver angesehen. Die SED-Führung hat dem Ministerium für Staatssicherheit alle grundlegenden Aufgaben vorgegeben und dessen Führung in den Bezirks- und Kreisdienststellen des MfS stets und ständig wahrgenommen. Dazu wurden in den Bezirken und Kreisen der DDR so genannte Bezirks- und Kreiseinsatzleitungen gebildet, deren Vorsitzender der jeweilige 1. Sekretär der SED des Territoriums war. Ihm waren alle bewaffneten Organe und paramilitärischen Organisationen unterstellt (außer NVA). Dieser 1. Sekretär der SED führte mit den Leitern, der ihm im Territorium so unterstellten bewaffneten Kräfte, festgelegte Beratungen durch, erteilte nach seiner Ermessung schwerpunktmäßig und konkrete Aufgaben, über deren kompromisslose Durchsetzung und Erfüllung er Rechenschaft forderte. Alle, ob Stasi, Volkspolizei, Feuerwehr, Zivilverteidigung oder Gesellschaft für Sport und Technik waren dem 1. Sekretär rechenschaftspflichtig.

Daraus ergibt sich die Doppelfunktion des jeweiligen 1. Sekretär der SED, einerseits die Partei zu führen, andererseits als oberster Dienstherr der Stasi, mit Hilfe aller bewaffneten Kräfte im Territorium, jegliche Regung und Aktivität anders denkender Menschen zu unterdrücken und zu vernichten. Geschickt nutzte dabei die Stasi, als Arm und Schwert der SED, alle Möglichkeiten, z. B. über Befragungen von Bürgern durch den Abschnittsbevollmächtigten (ABV) der Volkspolizei, Massenorganisationen, Arbeitskollektiven oder Hausgemeinschaften, um jede Einzelheit, sei sie auch noch so belanglos, über bestimmte Personen zielgerichtet zu erhalten.

Die Stasi selbst rekrutierte für diese Bespitzelungsarbeit informative Mitarbeiter (IM) über freiwillige Basis, bis hin zum erpresserischen Druck, oft nur für den Informationserhalt einer Zielperson.

Gegenleistungen der Stasi waren begehrte Geschenke zu vorwiegend runden Geburtstagen, wo selbst durch die Stasi andere Personen, die weitläufig mit den Geburtstagsleuten zu tun hatten, aufgefordert wurden, diesen zu gratulieren. Mit den Geschenken wurden meist nur einzelne IM belastet, ohne ihr Wissen. Solche Geschenke waren z. B. hier in der Lausitz Bleikristallgläser, die von den IM als Geschenk, als freundliche Geste, weniger aber als Honorierung für Spitzeldienste, angesehen wurden. In bestimmten Fällen wurden auch Versprechungen zu persönlichen Vergünstigungen, einschließlich Familienangehöriger, vorgenommen, meist so, dass das Judasgeld nicht offensichtlich war.

Die einzelnen Führungsoffiziere der Stasi verdingten sich zusätzlich Zuträger, die sie als geheime, also GIM, behandelten, deren Unterlagen in den KD des MfS verblieben und nicht in die zentralen Akten der Stasi eingingen. Diese Unterlagen wurden schon teils vor der Wendezeit, als wichtige Papiere in den Kreisdienststellen, vernichtet. Viele, oft hinterhältige Zuträger der Stasi blieben und bleiben so für die Öffentlichkeit unentdeckt.

Das Treffen der so genannten Führungsoffiziere der Stasi mit ihren IM oder GIM, erfolgte ungehindert in Betrieben und Einrichtungen, wo oft für die Stasi ein eigenes Zimmer zur Verfügung stand, aber auch in konspirativen Wohnungen, die für eigene Mitarbeiter angemietet, aber nicht bezogen wurden, oder in Wohnungen treuer Genossen der SED, die ihre Wohnung oder nur ein Zimmer davon, freiwillig zur Verfügung stellten.

Die Stasi verhalf untergetauchten RAF-Mitgliedern der BRD zu neuer Identität, beschaffte Wohnung und Arbeitsstelle für diese Leute und verwischte geschickt, zum Beispiel mit Scheinumzügen in verschiedene Wohnungen, ihre Spur.

Die Dienstgrade der bewaffneten Organe der DDR waren alle gleich. So hatte der Leutnant der Stasi den gleichen Rang, wie der Leutnant der Volkspolizei oder der NVA. Die Stasi hatte keine eigene Uniform. Sie bediente sich der Uniform der Volkspolizei, tarnte sich damit in der Öffentlichkeit und nutzte so auch die Schulungsobjekte und andere Einrichtungen der VP, ohne Aufsehen in der Öffentlichkeit zu erzeugen.

Die Sportvereinigung Dynamo war der eigene Sportclub des Ministeriums für Staatssicherheit. Obwohl die SV Dynamo absolut nichts mit der Deutschen Volkspolizei zu tun hatte, trugen deren hauptamtlich angestellten Mitarbeiter alle eine Uniform der VP. Sie war ja auch gleichzeitig die Dienstuniform der Stasi. Das wussten alle Uniformträger der Dynamoclubs! Leider ist auch heute der Stasiname Dynamo noch immer der Name von Sportclubs – ein Relikt der alten Stasivergangenheit. Führungskräfte der Stasi erkannten den immer größer werdenden Widerspruch zwischen dem glorreich gepredigten, ständigen Aufbau des Sozialismus seitens der SED-Führung und den real existierenden Verhältnissen in der DDR, angefangen, von den immer größer werdenden Schwierigkeiten in der volkseigenen Industrie und Landwirtschaft, von der ständig wachsenden Unzufriedenheit in der Bevölkerung zu Versorgungs- und Entwicklungsproblemen, bis hin zu den eingeschränkten Entspannungs- und Erholungsmöglichkeiten der DDR-Bürger zu Hause sowie im In- und Ausland. Dabei spielte die Abschottung und Einschränkung auf das Gebiet der DDR und im erweiterten Sinne auf bestimmte Territorien der sozialistischen Staatengemeinschaft, mit deren für DDR-Bürger teils negativen politischen Einfluss, eine große Rolle. Führungskräfte der Stasi erkannten für sich, für ihr eigenes persönliches Wohlergehen und die gesamte Stasi-Organisation, in einem Schritt nach vorne, aber ohne jegliches Wissen der SED-Führung und ihrer höchsten Führungsspitze, ihre eigene Haut und die ihrer treuen Mitarbeiter vor dem bevorstehenden, totalen wirtschaftlichen und damit politischen Zusammenbruch der DDR zu retten.

In vollkommener, verschwörerischer Absicht nahmen sie Verbindung mit bestimmten Kräften der BRD auf, um unter Ausnutzung des provoziert beschleunigten Drucks der Bevölkerung der DDR, den Ruf nach einer Veränderung der eigenen Verhältnisse zu schüren und unverrückbare Tatsachen für eine spätere Vereinigung mit der BRD zu schaffen.

Aufgabe seitens der zuständigen Kräfte der BRD war es, für diese spezielle Situation neue Auffanglager zu schaffen, um den zu erwartenden Ansturm von ausreisewilligen DDR-Bürgern zu bewältigen. Mit Hilfe geeigneter, junger Stasimitarbeiter sollten gezielt größere Auswanderungsballungen geschaffen werden (siehe Prag und Ungarn).

Es waren junge, ausgesuchte Stasimitarbeiter, teils mit ihren Familien, die die Besetzung der BRD-Botschaft in Prag führend provozierten und andere mitrissen. Es waren ebenso ausgesuchte Stasimitarbeiter, die in Ungarn die Grenzöffnung zu Österreich mitbewirkten und es waren auch wiederum einige dieser jungen Stasimitarbeiter, die über Österreich in ein gerade fertig gestelltes Auffanglager in Bayern kamen und dort öffentlich den Ruf einzelner: „Wir wollten zurück in die DDR", verkündeten. Es waren auch Stasileute, die die friedlichen Demonstrationen und Kundgebungen beeinflussten und organisierten.

Als Gegenleistung verlangten diese Führungskräfte der Stasi für sich, für alle hauptamtlichen Mitarbeiter und für ihre SED-Funktionäre Verfolgungsfreiheit. Der etwaige Zorn der DDR-Bevölkerung und ihr Ruf nach Vergeltung für erlittene Repressalien, sollte sich vorwiegend auf kleine, unbedeutende IM entladen, die ja in den persönlichen Stasiakten der DDR-Bürger benannt waren und die diese Bürger auch teils persönlich kannten. Sie wurden als Hauptsündenböcke gekennzeichnet, über die man lange diskutieren würde. Dadurch wurde gezielt und bewusst von den Hauptschuldigen abgelenkt.

Der verschworene Führungskreis der Stasifunktionäre schulte getreue und zuverlässige Mitarbeiter der einzelnen Bezirks- und Kreisdienststellen ihres Ministeriums. Dazu fanden Sonderlehrgänge dieser linientreuen Stasioffiziere, in Polizeiuniform, in der Zentralschule der Deutschen Volkspolizei in Oschersleben statt. Hier wurden Einzelheiten zur systematischen und möglichst friedlichen Aufgabe der DDR, bis ins Detail, durchgesprochen, bis hin zur Vernichtung brisanter Stasiunterlagen in eigener Regie und der friedlichen Aufgabe der einzelnen Stasi-Dienststellen mit Abgabe der offiziellen Dienstwaffen. Auch die Aufgabe der Stasidienststellen war mit eigenen IM organisiert, siehe Erfurt.

Bereits Ende des III. Quartals 1989 wurden wichtige Stasioffiziere, sprich Zukunftsträger, der Kreis- und Bezirksdienststellen des MfS von ihrem Dienst entlassen und in volkseigene Betriebe, Genossenschaften sowie in den Handel integriert,

um ihnen später, mit beschönigten bzw. bereinigten Lebens-
läufen, einen guten Start in die neue gesellschaftliche Etappe
des vereinten Deutschland zu geben. Die erforderlichen finanziellen Mittel für einen erfolgreichen Start waren, als Mit-
gift der Stasi, gegeben.

Die Stasi selbst organisierte auch noch in der ersten, frei gewählten Regierung der DDR die Gesetzgebung, dass keine
Massenverfolgung von langjährigen, linientreuen SED-Funktionären in Kreis- und Bezirksleitungen und hauptamtlichen
Stasimitarbeitern erfolgte. Der Beschluss wurde Ende 1990
von der frei gewählten Regierung der noch DDR gefasst und
im Lande strikt befolgt.

Unter hinreichender Kenntnis dieser bekannten Tatsachen,
lassen sich aus heutiger Sicht, fast alle einzelnen Wendeereig-
nisse politisch und geschichtlich in einem neuen Licht sehen,
richtig zuordnen und im Detail verstehen.

Unter dem Motto: „Friedlich provoziert und bewusst gedul-
det", wurden die Wendeaktivitäten der Bevölkerung der DDR
zielgerichtet gelenkt und gestaltet, als sei alles sporadisch entstanden. – So gesehen, ging die Rechnung der Stasi voll auf!

Walter Lindenau

Im schönen Frauensee, im jetzigen Wartburgkreis, ist Walter Lindenau als zweites Kind eines Bergmannes, der noch eine kleine Landwirtschaft betrieb, am 16.02.1935 geboren. Bereits als Kind eignete er sich viele praktische Fähig- und Fertigkeiten an und war allen technischen und naturwissenschaftlichen Fragen stets aufgeschlossen. Nach dem Schulabschluss in seinem Heimatdorf besuchte er die Oberschule in Vacha, die er 1953 mit dem Abitur abschloss.

Sein Ingenieurstudium in Magdeburg und Leipzig (Dipl. Ing. FH) brachte ihn schließlich nach Döbeln, wo er in einer Metallverarbeitung in leitender Tätigkeit arbeitete. Die beengten Wohnverhältnisse der damaligen Zeit in Döbeln führten zu einem Wohnortwechsel nach Hoyerswerda. Im Gaskombinat Schwarze Pumpe fand er seine neue Herausforderung, die nach der Wende mit Eintritt des Altersüberganges Ende 1991 beendet wurde.

Walter Lindenau fühlte sich in einen Unruhestand versetzt und überbrückte die Zeit bis zum Eintritt in die Rente als Berater für Sicherheitsfragen und Sicherheitstechnik für private und betriebliche Einrichtungen. Er ist verheiratet und hat einen Sohn.

Mit seiner schriftstellerischen Arbeit begann er erst in seiner Vorruhestandszeit, sein Buch „Gedächtnisprotokolle" ist sein Erstlingswerk.

Martin Ott

Unkontrollierte, verborgene Macht

Die vorliegende Publikation bietet dem Leser einen Einblick in das spezielle Wirken des Staatssicherheitsdienstes (Stasi) in der ehemaligen Deutschen Demokratischen Republik (DDR) in einem spezifischen Bereich. Mit Präzision und Sachverstand werden die Machenschaften der Stasi in einem militärischen Verband am Beispiel der 3. Raketenbrigade der Nationalen Volksarmee (NVA) dargestellt. Der Autor sowie seine Familie waren selbst Betroffene und dem umfangreichen Instrumentarium, den vielfältigen Mitteln und Methoden der Bespitzelung durch die Stasi ausgesetzt. Aus eigenem Erleben und an anderen Beispielen wird das unheilvolle Zusammenwirken der Stasi mit den Kommandeuren, Partei- und Politorganen auf der Führungsebene eines Raketenverbandes sowie mit Organen des Unterdrückungsapparates detailliert geschildert.

Preis: 29,50 Euro
ISBN 978-3-86634-620-8

Hardcover
251 Seiten, 20,5 x 25,5 cm

Reinhardt O. Hahn

OPK „Broiler"
Fremdbestimmte sind
die Hölle der
Andersdenkenden

Ich hätte es nie für möglich gehalten - fast zwanzig Jahre nach dem Ende des ersten "Arbeiter- und Bauernstaates" auf deutschen Boden - wie perfekt und durchorganisiert das Überwachungssystem der Staatssicherheit funktioniert hat, wäre ich nicht selbst ein Opfer gewesen.

Eine vorliegende Akte, bestehend aus insgesamt vier Bänden oder anders gesagt, vier operativen Vorgängen, von denen ich einen in sich geschlossenen ausgewählt habe, erzählt aus der Sicht der Offiziere des MfS und der informellen Mitarbeiter über einen Reinhardt O. Hahn, der ich nie war und doch gewesen bin.

Preis: 12,50 Euro
ISBN 978-3-86634-638-3

Paperback
184 Seiten, 13,8 x 19,6 cm